HAPPYHAPPY

FRUIT
WEEK

김민정

2012년 디저트숍&베이킹 아뜰리에 해피해피케이크를 오픈, 지금까지 시즌 프로젝트 '체리 위크', '딸기 위크', '까눌레 위크', 쿠키 정기 구독 서비스 '월간 쿠키' 등 다양한 크리에이티브한 이벤트로 디저트 마니아들의 마음을 사로잡고 있다. 해피해피케이크라는 이름처럼 만드는 사람도, 먹는 사람도 즐거웠으면 하는 바람으로 오늘도 케이크를 굽는다는 그녀. 대기업 제품 디자이너 출신인 김민정의 손끝에서 완성되는 디저트의 맛과 디자인은 항상 신선함과 놀라움 그 이상이다.

홍익대학교 산업디자인학과 제품 디자인 전공
르꼬르동블루 제과 디플로마 수료
르꼬르동블루 제빵 디플로마 수료
나카무라 아카데미 제과전문 과정 수료

저서
《엄마의 프랑스 쿠키, 착한 마카롱》
《달지 않은 케이크》, 《보틀 케이크》
《해피해피레시피시리즈_마들렌, 스콘, 쿠키, 까눌레, 치즈케이크》

www.happyhappycake.co.kr
www.happyhappyacademy.com
https://www.instagram.com/happyhappy.cake/

HAPPYHAPPY

FRUIT
WEEK

해 피 해 피 과 일 위 크 _ 김민정 지음

BnCworld

PROLOGUE

프 롤 로 그

해피해피케이크를 처음 시작할 때부터 꼭 해보고 싶었던 것이 있습니다. 바로 제철 과일을 활용한 디저트와 클래스였습니다. 케이크나 과자에 익숙하지 않은 사람들도 과일 먹는 걸 부담스럽거나 어렵게 느끼진 않겠지요. 해피해피에서는 그 계절의 가장 맛있는 과일을 제품에 녹여서 더 맛있게 즐길 수 있도록 매년 '딸기 위크', '체리 위크' 등의 디저트 프로젝트를 진행하고 있습니다.

이 책은 해피해피케이크를 찾는 많은 분들께 사랑받았던 프로젝트 '과일 위크'를 기반으로 과일을 활용한 디저트를 가득 담았습니다. 만들기 쉬우면서도 정말 맛있고, 상품성 돋보이는 메뉴로 엄선해 집에서도 쉽게 만들 수 있고, 카페나 매장에 내놓아도 부족함이 없는 제품들로 구성했습니다. 아무리 맛이 좋아도 과정이 너무 복잡하거나 낯선 것은 배제하고, 해피해피케이크라는 이름처럼 친근하고 편안하게 다가갈 수 있는 레시피를 추구했습니다.

우리의 디저트만이 정답이라고는 생각하지 않습니다. 그저 해피해피케이크가 제철의 좋은 과일을 어떻게 존중하고 디저트로 풀어내는지에 대한 이야기라고 생각해주세요. 자연스럽게 다가왔다가 지나가는 계절처럼 해피해피케이크의 '과일 위크'를 편안하고 즐겁게 맛보셨으면 좋겠습니다.

김 민 정

CONTENTS

BASIC TECHNIQUE, INGREDIENTS

기본 공정

기본 재료

STRAW-BERRY WEEK

딸기 위크

CHERRY WEEK

체리 위크

CITRUS WEEK

시트러스 위크

PEACH WEEK

복숭아 위크

MANGO WEEK

망고 위크

SHINE MUSCAT WEEK

샤인머스캣 위크

이 책을 100% 잘 활용하는 노하우는 이렇습니다

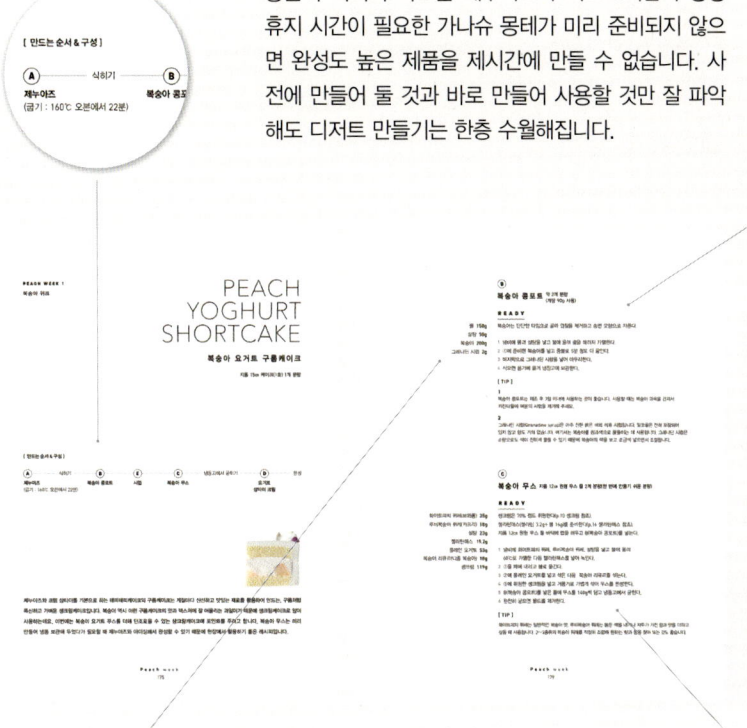

〔 만드는 순서&구성 〕

대략적인 제조 프로세스와 소요 시간을 알 수 있습니다.

충분히 식혀서 자르는 제누아즈나 최소 6시간의 냉장 휴지 시간이 필요한 가나슈 몽테가 미리 준비되지 않으면 완성도 높은 제품을 제시간에 만들 수 없습니다. 사전에 만들어 둘 것과 바로 만들어 사용할 것만 잘 파악해도 디저트 만들기는 한층 수월해집니다.

〔 분량의 표기 〕

정확한 분량, 한 번에 만들기 적당한 분량, 개당 사용 분량 등으로 만드는 분량을 나누어 표기했습니다.

타르트를 만든다고 가정했을 때, 제품은 1개 분량이지만 파트 쉬크레는 3개 분량, 스트로이젤은 만들기 쉬운 분량으로 표기했습니다. 파트 쉬크레 반죽이나 스트로이젤은 사용하고 남으면 냉동 보관이 가능하기 때문에 한꺼번에 적당한 양을 만들어 필요할 때 꺼내 사용하는 것이 효율적입니다. 이탈리안 머랭, 파트 아 봉브처럼 일정 이상의 양을 만들어야 손실분이 적고 항상 동일한 결과물을 얻을 수 있는 경우도 있습니다.

〔 READY 〕

사전 준비 항목을 따로 표기했습니다.

함께 계량할 재료, 가루류 체 치기, 젤라틴매스 준비, 생크림 휘핑, 오븐 예열 등과 같이 다음 과정에 필요한 사전 준비 항목을 표기해 재료나 순서를 한 번 더 체크하고 원활하게 진행될 수 있도록 했습니다.

〔 TIP 〕

보다 자세한 정보와 노하우를 덧붙였습니다.

재료나 용어, 과정, 사용법, 보관법에 대한 자세한 설명과 함께 제품을 효과적으로 만들 수 있는 노하우와 이론적 실명을 넛붙였습니다. 또 퓌레나 초콜릿, 응고제 등 사용 재료의 브랜드명을 표기해 셰프가 만들고자 하는 맛이 독자들에게 정확하게 전달될 수 있도록 했습니다.

기본 공정

①

생크림 휘핑하기

디저트를 만들다 보면 생크림을 휘핑하는 공정이 매우 많습니다. 그대로 단단하게 휘핑하여 크렘 샹티이라는 형태로 디저트에 적용하기도 하고, 또는 어느 정도까지 휘핑하여 다른 재료와 섞는 경우도 있는데요, 이때 휘핑하는 정도를 정확히 맞추지 않으면 의도했던 레시피와는 전혀 다른 결과물로 완성될 수 있기 때문에 레시피에서 제시한 대로 휘핑하는 것이 중요합니다.

크렘 샹티이(Crème Chantilly)는 생크림을 단단하게 휘핑하여 사용하는 크림의 한 종류입니다. 여러 크림 중 비교적 간단하게 만들 수 있고 대중적인 맛과 가벼운 식감을 가지고 있어서 디저트에 많이 활용합니다. 특히 생크림케이크를 만들 때는 생크림 대비 6~10%의 설탕을 넣어 휘핑한 이 크렘 샹티이를 주로 사용합니다.

[TIP]

생크림을 휘핑할 때 중요한 점은 바로 생크림의 온도입니다. 생크림의 적정 사용 온도는 5℃ 미만인데 마찰이 발생하면서 온도가 높아질 수 있습니다. 그러므로 휘핑 중에도 꼭 얼음물을 받쳐 생크림의 온도가 높아지지 않도록 해야 합니다. 적정 온도에서 휘핑한 생크림은 결이 고운 텍스처로 완성됩니다.

[생크림 휘핑 60%]

생크림을 휘핑하면 약간의 점도가 생기기 시작합니다. 거품기로 저어보았을 때 거품기 날이 지나간 모양이 보이고 그대로 떠올리면 주르륵 흘러내리며, 흘러내린 크림이 약간 쌓이는 정도가 되면 60% 휘핑된 상태입니다. 무스케이크를 만들 때 사용합니다.

[생크림 휘핑 70%]

60%를 지나 조금 더 휘핑하면 생크림에 조금 더 점도가 생기면서 거품기로 들어올렸을 때 끝부분에 조금 걸리는 듯한 느낌으로 단단해지는데, 이 시점이 70% 상태입니다. 아직은 부드럽게 느껴져 모양을 만들기는 어렵지만 60%에 비해 조금 더 공기가 들어가 가볍게 느껴집니다. 가벼운 무스케이크를 만들 때 사용합니다.

[생크림 휘핑 80%]

생크림이 좀 더 단단해져서 거품기로 크림을 들어 올렸을 때 크림이 거품기 가운데로 들어가서 떨어지지 않고 유지되는 것을 볼 수 있습니다. 이 정도의 생크림은 모양깍지에 담아서 짜거나 아이싱을 할 수 있는 정도로, 보통 우리가 흔히 알고 있는 생크림 케이크를 만들 때 사용합니다.

② 기본 머랭 만들기

머랭은 흰자에 설탕을 넣고 휘핑하여 공기를 포함하고 있는 상태를 말합니다. 흰자는 기포성이라는 특징이 있기 때문에 휘핑하여 공기를 포집할 수 있는데 이때 설탕은 기포를 안정화시키는 역할을 합니다. 하지만 반면에 기포가 생성되는 과정에서 설탕을 너무 빨리 넣으면 오히려 기포 생성이 어려울 수 있기 때문에 머랭을 만들 때는 적절한 시점에 적절한 양의 설탕을 넣는 것이 중요합니다.

이탈리안 머랭과 달리 뜨거운 시럽을 넣지 않고 흰자에 설탕을 바로 넣어 휘핑한 머랭을 차가운 머랭, 프렌치 머랭이라고 부릅니다. 프렌치 머랭을 만들 때는 냉장고에서 꺼낸 차가운 상태의 흰자를 사용해야 좀 더 볼륨감 있고 안정적인 머랭을 만들 수 있습니다.

[완성 약 90g]

흰자 60g

설탕 30g

1 차가운 흰자를 휘핑하여 공기가 가볍게 포집되도록 한다.

2 거품이 가볍게 일면 설탕의 1/3을 넣고 중속으로 휘핑한다.

3 조금 더 공기가 포집되어 볼륨이 생기면 설탕 1/3을 넣고 다시 중속으로 휘핑한다.

4 머랭의 볼륨이 충분히 생기고 기공이 처음보다 조밀해지면 나머지 설탕 1/3을 넣고 중속으로 머랭이 단단해질 때까지 휘핑한다.

5 마지막으로 거품기로 가볍게 저으면서 머랭의 기포를 정리한다. 머랭의 최종 상태는 들어올려 보았을 때 끝이 뾰족하게 서면서도 표면이 매끄러워야 한다.

[TIP]

1
머랭의 설탕 넣는 시점은 이전 설탕이 어느 정도 녹고 볼륨이 올라오는 상태를 보며 판단합니다. 설탕이 너무 빠르게 들어가면 볼륨이 잘 올라오지 않을 수 있고, 설탕이 너무 천천히 들어가면 최종 머랭 상태에서 표면이 거칠고 녹지 않은 설탕 입자가 머랭에 남을 수 있습니다.

2
머랭의 최종 상태는 레시피에 따라 필요한 정도가 조금씩 다르기 때문에 반드시 각 레시피를 참고하면서 확인합니다. 휘핑이 지나치면 머랭 표면이 거칠고 휘핑을 덜 하면 거품기로 들어올렸을 때 머랭의 끝부분이 힘없이 처지는 느낌으로 완성될 수 있습니다.

3
비스퀴에서 머랭을 사용하는 경우 머랭의 공기 포집이 부족하면 비스퀴가 잘 부풀지 않아 단단하고 머랭이 지나치게 많이 올라오면 비스퀴가 과하게 부풀었다가 주저앉을 수 있습니다.

③
이탈리안 머랭 만들기

뜨거운 머랭이라고도 불리는 이탈리안 머랭은 설탕의 양이 많아 프렌치 머랭처럼 흰자에 설탕을 그대로 넣는 방식으로 휘핑하기에는
어려움이 있습니다. 설탕을 시럽으로 만들어 머랭을 완성하며 이렇게 완성된 머랭은 매우 단단하고 윤기가 납니다. 뜨거운 시럽으로
만들기 때문에 살균이 되어 크림에 사용하기에도 좋습니다.

[완성 약 110g]

흰자 60g

물 30g

설탕 90g

1 냄비에 물과 설탕을 넣고 불에 올려 가열을 시작한다.

2 ①이 가열되는 동안 다른 볼에 흰자를 넣고 핸드믹서를 이용해 조직이 조밀하고
   들어올렸을 때 부드럽게 위로 쌓이는 느낌이 들 때까지 흰자를 휘핑한다.

3 ①의 시럽이 끓어 118℃가 되면 ②에 조금씩 부으면서 고속으로 휘핑한다.

4 시럽이 머랭 안으로 잘 확산되는 것을 확인하면서 머랭이 30℃ 미만으로 식을 때까지 중속으로 휘핑한다.

5 단단하고 윤기 있는 이탈리안 머랭을 완성한다.

[TIP]

1
흰자의 휘핑을 너무 많이 한 상태에서 시럽을 넣으면 머랭이 무너지기 쉽고, 휘핑을 너무 적게 한 상태라면
완성된 이탈리안 머랭이 단단하지 않을 수 있습니다. 〈공정② 사진〉처럼 기공이 아직 거칠지만 어느 정도
모양이 잡히는 정도까지 흰자를 휘핑해 주세요.

2
흰자에 시럽을 부을 때는 시럽이 볼의 가장자리를 타고 흘러내리도록 조금씩 부어줍니다. 볼 가운데 붓게 되면
뜨거운 시럽이 거품기의 날에 닿아 사방으로 튈 수 있기 때문에 위험하고, 특히 만드는 양이 적을 경우에는
손실되는 시럽의 분량이 많아 단단하고 윤기 있는 머랭을 만들기 어렵습니다. 또한 시럽을 붓는 속도가 빠르면
머랭이 잘 올라오지 않을 수 있으므로 조금씩 부으면서 확산시켜 천천히 거품이 올라올 수 있도록 합니다.

2

3-1

3-2

5

젤라틴매스 만들기

해피해피케이크에서는 자주 사용하는 젤라틴을 한꺼번에 불려 두고 사용합니다. 이것을 젤라틴매스 또는 젤라틴믹스라고 부르는데, 젤라틴을 그대로 넣으면 다른 재료와 잘 섞이지 못할 수 있기 때문에 약간의 물에 미리 불려 두는 공정입니다. 젤라틴매스는 젤라틴과 물의 비율이 1:5이며 만들어서 냉장고에 보관해 두면 일주일 정도 사용할 수 있습니다. 물론 젤라틴의 사용 빈도가 높지 않은 가정에서는 그때그때 필요한 분량만큼 물에 불려 사용해도 좋습니다. 판젤라틴의 경우에는 찬물에 10분 정도 불리면 적당량의 물이 흡수되기 때문에 동일한 젤라틴 중량을 계량하여 물에 불려 사용하면 됩니다.

가루젤라틴과 판젤라틴은 동량으로 대체해서 사용 가능하며 해피해피케이크에서는 정확한 물의 양을 측정할 수 있고 한 번에 만들어 두면 바로 사용할 수 있는 편의성 때문에 가루젤라틴을 젤라틴매스로 만들어 사용하고 있습니다.

READY

60℃ 이상의 따뜻한 물을 준비한다.

[젤라틴매스 기본 비율]

가루젤라틴(이탈젤라틴) **100g**

물 **500g**

1 볼에 가루젤라틴을 담고 따뜻한 물을 일부 붓는다.

2 거품기를 이용해 잘 섞는다.

3 분량의 나머지 물을 조금씩 부으면서 젤라틴 덩어리가 없도록 거품기로 잘 섞는다.

4 작은 용기에 나눠 담고 냉장고에서 어느 정도 굳힌다.

5 젤리처럼 단단한 상태가 되면 용기에서 꺼낸다.

6 계량하기 쉽도록 잘게 잘라서 용기에 담은 다음 냉장고에 보관해 두고
필요할 때 꺼내 사용한다.

[TIP]

젤라틴은 50~60℃ 이상의 온도에서 녹고 잘 확산되므로 젤라틴매스를 만들거나
젤라틴을 녹여야 할 때 이 온도를 참고합니다.

⑤
초콜릿 템퍼링하기

초콜릿 템퍼링은 초콜릿의 온도를 조절하여 초콜릿 안의 카카오버터를 안정적인 형태로 결정화하여 굳히는 과정을 말합니다. 템퍼링이 잘 된 초콜릿은 단단하게 굳고 광택이 나며 입 안에서 부드럽게 녹는 좋은 텍스처를 가집니다. 해피해피케이크에서는 대리석 작업대를 이용한 템퍼링 방법을 사용하고 있습니다. 대리석 템퍼링 방식은 빠르고 편리하게 많은 양의 초콜릿을 템퍼링할 수 있다는 장점이 있습니다.

[초콜릿 종류별 템퍼링 기본 온도]

	녹이는 온도		냉각 온도		템퍼링 완료 온도
다크초콜릿	55~58℃	⟶	28~29℃	⟶	30~31℃
밀크초콜릿	45~48℃	⟶	27~28℃	⟶	29~30℃
화이트초콜릿	45~48℃	⟶	26~27℃	⟶	28~29℃

READY

대리석 위에 알코올을 뿌리고 투명 필름을 밀착시켜 붙인다.

1 커버추어 종류의 기본 온도에 맞춰 초콜릿을 녹인다.
2 볼에 일부를 남겨두고 대부분의 초콜릿을 필름을 깐 대리석 위에 붓는다.
3 초콜릿의 위치를 바꿔 섞어가며 온도를 떨어뜨린다.
4 적정 온도로 떨어지면 대리석에 펼쳤던 투명 필름을 그대로 접어 초콜릿을 볼에 옮긴다.
5 볼에 남겨둔 초콜릿과 균일하게 섞어 온도를 확인한 다음 온도가 낮다면 히팅건 등으로 온도를 높여 최종 템퍼링 온도를 맞춘다.
6 스패튤러 등에 얇게 발라 보았을 때 빠르게 굳고 굳은 다음 손으로 만졌을 때 묻어나지 않으면서 광택이 좋다면 완성된 것이다.

[TIP]

초콜릿 온도를 떨어뜨리기 위한 대리석이 없거나 조금 더 간편하게 작업하고 싶다면 깨끗한 철판에 비닐을 덮거나 랩을 씌워 냉장고에 잠시 두었다가 고무주걱으로 펼쳐 차갑게 해서 작업하는 것도 좋습니다.

기본 재료

①
과일 퓌레&냉동 과일

[과일 퓌레]

과일 퓌레는 기본적으로 브와롱(boiron)社의 퓌레를 사용했습니다. 이외에 복숭아 요거트 구름케이크에서 자두가 가진 향과 맛을 내는 루비복숭아 퓌레, 망고 쿠키슈의 씨가 첨가된 패션프루츠 퓌레는 카프리(capfruit)社의 제품을 사용했습니다.

1 화이트피치 퓌레

2 루비복숭아 퓌레(카프리)

3 씨가 있는 패션프루츠 퓌레(카프리)

4 패션프루츠 퓌레

5 패션리플잼(앤드로스)

[농축액]

과일 자체의 맛이 약하거나 글레이즈 등에 향을 입힐 때 좋은 재료가 농축액이죠. 레몬 글레이즈의 레몬 농축액과 슈거 글라세의 만다린 농축액은 브와롱(boiron)社, 시트러스 타르트의 자몽 석류젤에는 터키산 석류로 만든 죠애나(Joanna)社의 석류 농축액을 넣었습니다.

1 레몬 농축액
2 만다린 농축액
3 석류 농축액

[냉동 과일&건조 과일]

냉동 과일은 콩포트를 만들 때 퓌레와 섞어 사용하면 효율적이고, 건조 과일은 리큐르니 우유 등의 수분에 미리 불려 사용합니다. 아이스크림, 또는 비스킷 등에 넣으면 생과일이나 냉동 과일보다 씹는 맛을 더할 수 있습니다. 냉동 과일이나 건조 과일은 마트나 온라인에서 쉽게 구입할 수 있습니다.

1 냉동 산딸기
2 냉동 파인애플
3 냉동 모렐로체리
4 냉동 딸기
5 아마레나 체리(통조림)
6 건조 딸기
7 건조 파인애플
8 건조 망고

기본 재료

② 리큐르

디저트에 빼놓을 수 없는 재료가 바로 리큐르입니다. 리큐르는 크림, 시럽, 구움과자, 과일 전처리 등에 소량만 사용해도 풍부하고 깊은 향을 더할 수 있습니다. 특히 과일을 베이스로 한 리큐르 종류가 많아 과일 디저트와는 환상적인 궁합을 자랑합니다.

체리 증류주인 키르슈는 체리는 물론 딸기, 복숭아와도 잘 어울립니다. 오렌지 껍질 증류주인 쿠앵트로 역시 시트러스 과일은 기본이고 복숭아 특유의 향을 한층 살려주죠. 와인을 증류한 브랜디 아르마냑은 체리 젤리 판나코타와 시나몬&복숭아에서 그 진가를 발휘합니다.

하지만 리큐르를 지나치게 많이 사용하거나 서로 잘 맞지 않는 재료에 넣으면 오히려 역효과를 내기도 하고 리큐르 자체의 당도 등도 고려해야 하므로 사용량을 정확하게 지켜주는 것이 좋습니다. 리큐르는 주세법상 술에 해당하므로 인터넷 및 통신판매가 불가능합니다. 주류전문매장 또는 제과재료업체 등에서 구매할 수 있습니다.

1   2   3   4   5

6   7   8   9   10

1 체리 리큐르(키르슈)
2 딸기 리큐르(디종 딸기)
3 레몬 리큐르(레몬첼로)
4 복숭아 리큐르
   (디종 복숭아)
5 패션프루츠 리큐르
   (디종 패션후르츠)

6 모스카토 와인
7 핵과류 리큐르(아마레토)
8 오렌지 리큐르(쿠앵트로)
9 브랜디(아르마냑)
10 리치 리큐르(디타)

기본 재료

③
시럽

시럽은 커피전문점의 음료 제조나 칵테일의 기본 재료로, 여기서는 그레나딘 시럽으로 복숭아에 핑크색을 착색하거나 젤리, 에이드 베이스로 사용했습니다.

1 그레나딘 시럽
2 자몽 시럽
3 민트 시럽
4 라임 시럽

④
응고제

응고제는 디저트의 질감과 형태를 만드는 데 필요한 재료로 무스를 굳히거나 잼, 젤리 등을 만들 때 사용합니다. 적당히 사용하면 좋은 질감과 함께 안정성을 돕지만 과하면 식감을 해칠 수 있습니다. 테스트를 거쳐 적정량을 사용할 것을 추천합니다. NH 펙틴은 과일 베이스의 나파주나 필링, 잼에 사용합니다. 아가아가는 부서지기 쉽고 끈기가 없는 식감으로 실내 기온이 높아져도 녹지 않는 것이 장점입니다. 이 책에서는 고운 텍스처의 젤에 주로 사용했습니다. 펄아가는 젤라틴이나 한천보다 투명하고 탄력과 광택이 뛰어나며 부드러운 식감이 특징인 응고제입니다.

1 젤라틴(이발젤라틴)	2 젤리용 펙틴	3 아가아가(소사)
4 NH 펙틴(소사)	5 펄아가(No.9)	6 한천

기본 재료

유제품

생크림에 마스카르포네치즈를 더한 허니 마스카르포네치즈 크렘 샹티이와 딸기 롤케이크의 조합은 설명할 것 없이 최고이지요. 크림치즈와 리코타치즈, 사워크림을 넣은 허니 리코타 치즈 크림의 딸기 루콜라 샐러드 타르트, 카망베르치즈가 든 망고 파인애플 아이스크림도 손에 꼽을 만큼 맛있습니다. 생크림은 서울우유, 프로마주블랑은 이즈니, 크림치즈는 필라델피아, 사워크림과 요구르트 페이스트는 선인 제품을 사용했습니다. 카망베르치즈와 마스카르포네치즈, 리코타치즈, 연유는 쉽게 구할 수 있는 것을 선택하면 됩니다. 유제품은 각각이 가진 맛과 제형의 차이가 있으므로 필요에 따라 사용합니다.

1 크림치즈	4 리코타치즈	7 요구르트 페이스트
2 프로마주블랑	5 생크림	8 마스카르포네치즈
3 사워크림	6 카망베르치즈	9 요거트파우더

기본 재료

⑥
허브류

디저트에 산뜻한 향을 더하고 자연스러우면서도 깔끔한 맛의 여운을 줄 수 있는 재료입니다. 로즈마리는 레몬과 함께, 애플민트는 샤인머스캣의 모히토 베이스로, 바질은 라임 소르베와 판나코타 베이스로, 딜은 모스카토 크림으로 각각의 역할을 해내고 있습니다. 과일을 메인으로 하는 디저트의 경우에 허브가 너무 강할 경우 과일의 맛을 가릴 수 있으니 효과적으로 사용하는 것이 중요합니다.

1 로즈마리
2 애플민트
3 딜
4 비질

딸기 위크

딸기만큼 디저트와 잘 어울리는 과일이 또 있을까요? 당도, 적당한 산미, 풍부한 향, 비스퀴나 크림 어느 것과도 잘 어울리는 식감까지. 디저트에 필요한 모든 요소를 두루 갖추고 있지요. 그래서인지 딸기의 계절이 돌아오면 이 사랑스런 과일로 어떤 디저트를 만들어야 하나 설레기까지 한답니다. 해피해피케이크에서는 매년 겨울, 딸기를 활용한 디저트를 판매하거나(1월 중순부터 2월 중순) 클래스를 열어 노하우를 공유하는(12월부터 2월) '딸기 위크'를 진행하고 있는데요, 이 즈음은 맛과 향이 정점에 오른 딸기를 어디서나 쉽게 구할 수 있어 딸기 디저트를 만들기에 완벽한 시기입니다.

딸기가 맛있는 계절

가장 맛있는 계절은 겨울과 봄이지만 고랭지에서 여름 딸기(6~11월)가 재배되기 때문에 한여름에도 딸기를 맛볼 수 있습니다. 다만 한창때보다는 많이 비싸고 맛과 향도 제철에 비해서는 떨어집니다.
디저트에는 주로 설향, 죽향, 장희, 금실 등의 품종을 사용하며 같은 품종이어도 편차가 있을 수 있기 때문에 맛을 보고 선택하는 것이 좋습니다.

딸기 보관하기

세척하지 말고 꽃받침 그대로 랩에 싸서 1~2일 냉장고에 보관합니다. 과육이 쉽게 무르고 광택이 사라지기 때문에 장기 보관은 어렵습니다.

딸기 선택하기

꽃받침 주위를 포함해 과실의 색이 전체적으로 선명하고 붉은 것, 광택이 있고 꽃받침이 싱싱한것, 단맛과 산미가 적절히 조화를 이루고 향이 좋은 것, 디저트에 사용하기 좋은 적당한 크기를 고르는 것이 중요합니다.

딸기와 잘 어울리는 재료

생크림
커스터드 크림, 레몬
마스카르포네치즈
바닐라, 키르슈

딸기 응용하기

[생과일] 딸기는 생과일을 디저트에 그대로 활용하기 가장 좋은 과일이에요. 식감도 좋아서 잘라서 케이크나 타르트에 사용할 수 있습니다. 자를 경우 딸기가 쉽게 무르지 않도록 다룰 때 주의해야 합니다. 디저트에 사용하는 딸기는 적당한 크기에 향이 좋은 것을 선택합니다.

[냉동 과일, 퓌레] 무스나 쿨리, 콩포트 등을 만들 때 냉동과일과 퓌레를 활용하면 균일한 맛과 당도, 품질을 유지할 수 있습니다.

[리큐르] 딸기 향을 더할 때 딸기 리큐르를 활용합니다. 딸기 쇼트케이크를 만들 때에는 키르슈를 수로 사용합니다.

HONEY CASTELLA ROLL CAKE

허니 카스텔라 롤케이크

길이 30cm 롤케이크 1개 분량(약 7조각)

[만드는 순서 & 구성]

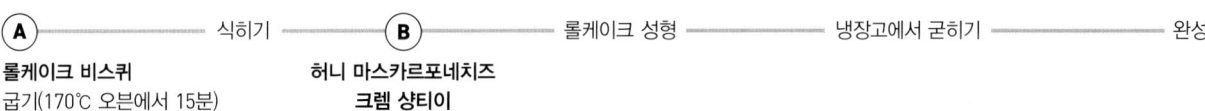

A ──── 식히기 ──── **B** ──── 롤케이크 성형 ──── 냉장고에서 굳히기 ──── 완성

롤케이크 비스퀴
굽기(170℃ 오븐에서 15분)

**허니 마스카르포네치즈
크렘 샹티이**

잘 만들어진 두툼한 카스텔라에 크림을 얹고 딸기를 툭툭 올린 다음 그대로 말아서 완성하는 롤케이크. 해피해피케이크에서는 딸기의 계절, 딸기 시즌을 대표하는 메뉴로 카스텔라 롤케이크를 만들고 있습니다. 카스텔라, 생크림, 딸기라는 기본 재료에 충실한 이 케이크는 딸기 위크 내내 많은 분들이 찾는 케이크인네요, 무엇보다 성발 살 만들어진 카스텔라의 텍스처를 맛볼 수 있습니다. 크림과 딸기의 조합은 더 설명할 것 없이 최고이지만 딸기 시즌이 아닌 때에는 다른 과일로 바꾸어서 만들어 보는 것도 좋습니다.

A-1

A-2

A-4

A-7

B-1

B-TIP

롤케이크 비스퀴 30×30㎝ 롤케이크 철판 1장 분량

READY

노른자 120g
설탕A 15g
꿀 30g
흰자 160g
설탕B 80g
박력분 45g
버터 15g
우유 35g

철판에 종이 포일을 깔아 둔다 • 오븐은 170℃로 예열한다.
버터와 우유는 함께 계량하여 녹인다 • 박력분은 체 친다.

1 노른자, 설탕A, 꿀을 40℃ 정도까지 중탕으로 데운 다음 뽀얗게 될 때까지 핸드믹서로 휘핑한다.
2 흰자에 설탕B를 3번 나누어 넣으면서 부드러운 머랭을 완성한다(p.12 기본 머랭 참조).
3 ①에 머랭의 반을 넣고 거품기로 가볍게 섞는다.
4 ③에 박력분을 넣고 주걱으로 자르듯이 섞는다.
5 ④에 녹인 버터와 우유를 넣고 잘 섞는다.
6 ⑤에 나머지 머랭을 넣고 섞어 비스퀴 반죽을 완성한다.
7 철판에 평평하게 팬닝하고 170℃ 오븐에서 15분 동안 구운 다음 식힌다.

[TIP]

박력분의 양이 적어 부드럽고, 별립법으로 만들어 탄력이 좋은 이 비스퀴는 롤케이크에
사용하기 적합합니다. 박력분이 비교적 적은 비스퀴를 만들 때에는 부드러운 머랭이 포인트입니다.
머랭이 지나치게 단단하면 비스퀴의 질감이 부드럽지 않고 반죽을 구울 때 과하게 부풀었다가
꺼지면서 볼륨이 낮아 납작하게 나올 수 있습니다.

허니 마스카르포네치즈 크렘 샹티이

READY

생크림 220g
마스카르포네치즈 44g
설탕 6g
꿀 16g

생크림 휘핑을 위해 얼음물이 담긴 볼을 준비한다.

1 모든 재료를 함께 계량하여 핸드믹서로 단단하게 휘핑한다(p.10 생크림 참조).

[TIP]

생크림을 휘핑할 때에는 차가운 상태를 유지하는 것이 좋습니다.
얼음물이 담긴 볼을 생크림볼 밑에 받쳐 휘핑하도록 합니다.

C-2   C-4

C-5   C-TIP

©
완 성

딸기 **약 15개**
(중간 크기)

1 A(롤케이크 비스퀴)가 식으면 유산지를 깔고 비스퀴 안쪽이 위로 오도록 준비한다.

2 완성된 B(허니 마스카르포네치즈 크렘 샹티이)를 바른다. 이때 롤을 마는 방향으로
처음과 끝부분에는 크림을 얇게, 가운데 부분에는 크림을 비교적 두툼하게 바른다.

3 비스퀴의 1/3 지점에 홀딸기, 2/3 지점에 반으로 자른 딸기를 올린다.
이때 홀딸기 사이사이를 크렘 샹티이로 메워 두면 단면에 빈틈이 생기지 않는다.

4 유산지 양쪽 끝부분을 들어올려 감싸듯이 롤을 말아준다.

5 롤케이크의 비스퀴가 만나는 부분을 아래로 하여 모양을 잡는다. 이때 자를 이용해서
롤 부분의 유산지를 안쪽으로 넣으면서 아래 유산지를 당기면 단단하게 모양이 잘 잡힌다.

6 유산지를 제거하지 않은 상태로 30분 이상 굳힌다.

7 가장자리를 잘라내고 적당한 크기로 잘라서 완성한다.

[TIP]

마무리 단계에서 인두로 로고나 글씨를 찍을 수 있습니다. 인두를 사용하기 전에는 온도가 적당한지
자투리 비스퀴에 테스트해 보는 것이 좋습니다. 인두의 온도가 너무 높으면 비스퀴가 탈 수 있고,
너무 낮으면 문양이 선명하게 보이지 않습니다.

STRAWBERRY SHORTCAKE

딸기 구름케이크

지름 15㎝ 케이크(1호) 1개 분량

[만드는 순서 & 구성]

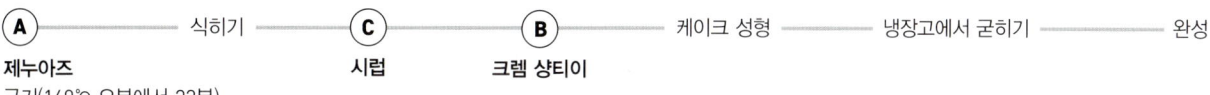

A ──── 식히기 ──── **C** ──── **B** ──── 케이크 성형 ──── 냉장고에서 굳히기 ──── 완성

제누아즈
굽기(160℃ 오븐에서 22분)　　　　　**시럽**　　**크렘 샹티이**

해피해피케이크에서는 매 시즌 '구름케이크'라는 이름의 생크림 쇼트케이크를 선보이고 있습니다. 구름케이크는 그 계절에 나오는 가장 맛있는 과일을 메인으로 한 쇼트케이크를 말하는데요. 단순히 과일만을 변경하는 것이 아니라 그 과일과 잘 어울리는 맛과 텍스처, 구성요소를 고민해서 담아내고 있습니다. 이 책에서는 생크림 쇼트케이크의 가상 기본이 될 수 있는 딸기 구름케이크를 소개합니다. 촉촉한 스펀지인 제누아즈, 딸기, 그리고 크렘 샹티이의 조합으로 구름 같은 인생 생크림 케이크를 만나시길 바랍니다.

A-1-1　　　　　　　　A-1-2　A-2

Ⓐ

제누아즈 지름 15㎝ 제누아즈 1개 분량

READY

달걀 100g	팬 옆면과 바닥에 종이 포일을 깔아 둔다.
노른자 13g	달걀과 노른자는 함께 계량하여 휘핑하기 좋은 깊은 스텐볼에 준비하고 바닐라 에센스를 더해둔다.
설탕 56g	오븐은 160℃로 예열한다 • 버터는 우유와 함께 계량하여 녹인다 • 박력분은 체 친다.
꿀 8g	

달걀 100g
노른자 13g
설탕 56g
꿀 8g
박력분 60g
버터 7g
우유 7g
바닐라 에센스 약간

1　달걀, 노른자, 꿀, 설탕, 바닐라 에센스를 40℃ 정도까지 중탕으로 데운 다음 뽀얗게 될 때까지
　　거품기나 핸드믹서로 휘핑한다. 이때 마지막은 저속으로 마무리하여 조밀한 기공을 만든다.
　　완성된 반죽을 들어올려 떨어뜨려 보았을 때 리본처럼 매끄럽게 쌓이는 느낌이 되도록 한다.

2　①에 박력분을 넣고 주걱으로 잘 섞는다. 가루를 섞을 때는 반죽을 위에서 아래로
　　떠 올리듯이 조심스럽게 섞어야 거품이 죽지 않는다.

3　박력분이 잘 섞이면 녹인 버터와 우유를 넣고 섞는다.

4　완성된 반죽을 틀에 팬닝하고 160℃ 오븐에서 22분 동안 굽는다.

5　오븐에서 나온 제누아즈는 틀을 제거하고 뒤집어서 한 김 식힌 후 다시 뒤집어 식힌다.

6　완전히 식으면 구움색이 난 부분을 제거하고 1㎝ 두께로 3장을 슬라이스해 준비한다.

A-4 A-5 A-6

[TIP]

1

제누아즈 반죽을 만들 때는 적당한 볼륨감과 함께 쉽게 꺼지지 않는 조밀한 기공을 만드는 것이 중요합니다.
무조건 고속으로만 휘핑하여 올린 거품은 기공이 거칠어 작업 과정에서 볼륨이 쉽게 꺼질 수 있습니다.
휘핑 마지막 단계에서 저속으로 휘핑하면 만들어진 기공이 작게 쪼개지면서 보다 조밀하고 균일한 기포가
완성됩니다.

2

잘 구워진 제누아즈는 표면을 눌러 보았을 때 탄력있게 다시 올라오는 스펀지 같이 느껴집니다.
탄력이 없고 꺼지는 느낌이라면 아직 덜 구워진 것이므로 조금 더 구워줍니다.

B

크렘 샹티이 <small>지름 15㎝ 케이크(1호) 1개 분량</small>

생크림 345g
마스카르포네치즈 16g
설탕 27g
체리 리큐르(키르슈) 16g

READY

생크림 휘핑을 위해 얼음물이 담긴 볼을 준비한다.

1 모든 재료를 함께 계량하여 핸드믹서로 단단하게 휘핑한다(p.10 생크림 참조).

C

시럽

물 30g, 설탕 15g
체리 리큐르(키르슈) 3g

1 물, 설탕을 끓여 식힌 다음 체리 리큐르를 넣어 시럽을 완성한다.

D-3

D-4

D-6

(D)

완성

READY

딸기는 꼭지를 제거하고 반으로 잘라서 준비한다.

딸기 약 20개
(중간 크기)

1 돌림판에 A(제누아즈) 1장을 올리고 C(시럽)를 바른다.

2 ①에 B(크렘 샹티이)를 얇게 바른다.

3 반으로 자른 딸기를 올리고 다시 B(크렘 샹티이)를 얹어 딸기를 덮는다.

4 ①~③을 다시 한 번 반복해 2단을 만들고 A(제누아즈)를 얹는다.

5 케이크 윗면에 B(크렘 샹티이)를 얹어 평평하게 다듬고 옆면에도 B(크렘 샹티이)를 균일하게 발라서 모서리 부분에 여분의 크림이 올라오도록 한다.

6 올라온 여분의 크림을 다듬어 케이크 표면의 아이싱을 마무리한다.

7 원하는 모양깍지로 B(크렘 샹티이)를 파이핑하고 딸기를 올려 완성한다.

STRAWBERRY TIRAMISU

딸기 티라미수

300㎖ 보틀 약 6개 분량

[만드는 순서 & 구성]

A ─────── 식히기 ────── **E** ──── **D** ──── **B** ──── **C** ─────── 완성

비스퀴 아 라 퀴이에르   　　　딸기 시럽　　딸기 소스　　파트 아 봉브　　마스카르포네치즈 무스
굽기(180℃ 오븐에서 8분)

커피와 마스카르포네치즈 크림으로 이루어진 가볍고 크리미한 티라미수를 응용한 제품으로, 마스카르포네치즈의 진한 우유 느낌과 잘 어울리는 딸기를 이용해 향긋하고 달콤한 딸기 티라미수를 만들었습니다. 비스퀴 아 라 퀴이에르를 시럽에 적시고 마스카르포네치즈 무스를 채우는 티라미수 본래의 콘셉트는 유지하면서 딸기를 더한 티라미수를 컵에 담아 베린과 같은 느낌으로 완성했습니다.

비스퀴 아 라 퀴이에르 300㎖ 보틀 약 6개 분량

READY

노른자 30g
설탕A 20g
흰자 55g
설탕B 23g
중력분 52g

철판에 테프론 시트나 종이 포일을 깔아 둔다.
1.5㎝ 원형 모양깍지와 짤주머니를 준비한다.
중력분은 체 친다.
오븐은 180℃로 예열한다.

1 노른자에 설탕A를 넣고 핸드믹서로 뽀얗게 될 때까지 휘핑한다.
2 흰자에 설탕B를 3번에 나누어 넣으면서 중속으로 휘핑해 단단한 머랭을 만든다
  (p.12 기본 머랭 참조).
3 ①에 ②의 머랭을 넣고 거품기로 균일하게 섞는다.
4 ③에 중력분을 넣고 주걱으로 들어올리면서 부드럽게 섞는다.
5 짤주머니에 반죽을 담아 테프론 시트를 깐 팬에 간격을 두고 지름 약 3㎝ 원형으로 짠다.
6 표면에 슈거파우더(분량 외)를 2번 뿌리고 180℃ 오븐에서 8분 동안 구운 다음 식힌다.

파트 아 봉브 완성 약 140g(한 번에 만들기 쉬운 분량)

설탕 80g
물 40g
노른자 80g

1 노른자를 핸드믹서로 휘핑한다.
2 설탕과 물을 118℃까지 끓어 시럽을 만든다.
3 ①에 ②의 시럽을 조금씩 넣으면서 핸드믹서의 고속으로 휘핑한다.
4 30℃ 이하로 식을 때까지 계속 휘핑하면서 파트 아 봉브를 완성한다.

Ⓒ

마스카르포네치즈 무스 완성 약 360g

R E A D Y

B(파트 아 봉브) **68g**	
젤라틴매스 **13.8g**	
바닐라 빈 **1/4개**	
마스카르포네치즈 **162g**	
생크림 **139g**	

B(파트 아 봉브)를 완성해둔다.

생크림을 70% 정도 휘핑한다(p.10 생크림 참조).

젤라틴매스(젤라틴 2.3g + 물 11.5g)를 준비한다(p.16 젤라틴매스 참조).

바닐라 빈은 반을 갈라 씨를 긁어낸다.

1 B(파트 아 봉브)에 녹인 젤라틴매스, 바닐라 빈의 씨를 넣고 잘 섞는다.

2 ①에 부드럽게 푼 마스카르포네치즈를 섞는다.

3 ②에 휘핑한 생크림을 넣고 섞는다.

4 마스카르포네치즈 무스를 완성해 지름 1.5㎝ 원형 모양깍지를 넣은 짤주머니에 채운다.

C-1

C-3

C-4

F-2

F-4

Ⓓ

딸기 소스 완성 약 150g

냉동 딸기 108g, 미루아르 27g
딸기 퓌레 18g, 물엿 7g

1 모든 재료를 잘 섞는다.

Ⓔ

딸기 시럽 완성 약 100g

설탕 17g, 물 34g, 딸기 퓌레 45g
딸기 리큐르(디종 딸기) 8g

1 설탕, 물, 딸기 퓌레를 끓인 다음 식힌다.
2 ①에 딸기 리큐르를 넣고 섞는다.

Ⓕ

완성

READY

A(비스퀴 아 라 퀴이에르)에 E(딸기 시럽)를 충분히 흡수시켜 준비한다.
딸기는 먹기 좋은 크기로 자른다

딸기(중간 크기) 약 18개

1 깨끗한 용기를 준비한 다음 D(딸기 소스)를 개당 약 25g씩 담는다.
2 E(딸기 시럽)에 적신 A(비스퀴 아 라 퀴이에르) 4~5개,
   딸기 조각을 채운다.
3 C(마스카르포네치즈 무스)를 개당 약 40g씩 짠다.
4 딸기 조각을 담고 그 위에 다시 C(마스카르포네치즈 무스)를
   20g씩 짠다.
5 딸기와 허브로 장식해 완성한다.

VANILLA PASTRY TART

바닐라 페이스트리 타르트

지름 6㎝ 미니 타르트 12개 분량

[만드는 순서 & 구성]

(C) 바닐라 가나슈 몽테 ——— 냉장 휴지 (6시간) ——— (A) 크렘 다망드 ——— 냉장 휴지 (30분) ——— 필로 페이스트리 준비 ———

(B) 프로마주 아파레이유 ——— (A)(B) 크렘 다망드 + 프로마주 아파레이유 굽기(170℃ 오븐에서 25분) ——— 식히기 ——— (C) 바닐라 가나슈 몽테 휘핑 ——— 완성

과일을 듬뿍 담은 주머니 형태의 이 디저트는 바삭한 페이스트리와 촉촉한 케이크, 부드러운 크림이 조화를 이룬 타르트입니다. 바닐라 크림은 딸기 이외의 다른 과일과도 비교적 잘 어울리기 때문에 여러 과일을 혼합하거나 잘 어울리는 다른 과일로 변경해 활용해 보아도 좋습니다. 만들기 간단하면서도 맛있는 바닐라 페이스트리 타르트를 통해 필로 페이스트리와 아몬드 크림의 활용 방법을 배우고 응용해 보세요.

A-1

A-3

Ⓐ

크렘 다망드 완성 340g(개당 25g 사용)

R E A D Y

버터 85g

슈거파우더 85g

달걀 85g

아몬드파우더 85g

모든 재료를 실온 상태로 준비한다.

1 버터에 슈거파우더를 넣고 거품기로 섞으면서 크림화한다.

2 ①에 달걀을 조금씩 넣으면서 거품기로 섞어 유화시킨다.

3 ②에 아몬드파우더를 넣고 섞어 크렘 다망드를 완성한다.

4 냉장고에서 30분 이상 휴지시킨다.

B-READY

B-3

B-4

Ⓑ

프로마주 아파레이유 완성 약 180g(개당 15g 사용)

READY

A(크렘 다망드) **40g**
프로마주블링(이즈니) **40g**
설탕 **20g**
달걀 **80g**

필로 페이스트리를 12×12㎝ 크기의 정사각형으로 24장 자르고
접착제로 소량의 버터를 발라 2장씩 겹친 다음 머핀 틀에 팬닝한다.
오븐은 170℃로 예열한다.

1 A(크렘 다망드)와 프로마주블랑을 거품기로 잘 섞는다.

2 ①에 설탕을 넣고 녹이듯이 잘 섞는다.

3 ②에 달걀을 조금씩 넣으면서 섞어 아파레이유를 완성한다.

4 준비한 필로 페이스트리에 A(크렘 다망드)를 25g씩 짜고 그 위에 아파레이유를 15g씩 채운다.

5 170℃ 오븐에서 25분 동안 굽고 식힌다.

[TIP]

필로 페이스트리는 아주 얇게 밀어 편 상태로 냉동한 페이스트리 반죽을 말하는데 시판되는
제품을 사용하면 됩니다. 필로 페이스트리를 팬닝할 때에는 타르트 퐁사주 작업과 같이 부드럽게
틀에 채워 넣습니다. 부러지거나 구멍이 생기면 아파레이유가 샐 수 있으므로 수의합니다.

C-2

C-4

Ⓒ

바닐라 가나슈 몽테 완성 약 180g(개당 15g 사용)

READY

생크림A 50g
바닐라 빈 1/3개
화이트초콜릿(발로나 오팔리스) 40g
젤라틴매스 6g
생크림B 90g

바닐라 빈을 반으로 갈라 긁어낸 씨를 생크림A와 함께 계량한다.
젤라틴매스(젤라틴 1g + 물 5g)를 준비한다(p.16 젤라틴매스 참조).
화이트초콜릿은 녹인다.

1 생크림A를 가열하고 젤라틴매스를 넣어 녹인다.
2 녹인 화이트초콜릿에 ①을 넣고 잘 유화시킨다.
3 ②에 생크림B를 넣고 섞은 다음 핸드블렌더로 완벽하게 유화시킨다.
4 6시간 이상 냉장고에서 휴지시킨 다음 휘핑한다.
5 지름 1.5cm 원형 모양깍지에 담은 짤주머니에 채운다.

[TIP]

가나슈 몽테는 완성 후 냉장 휴지가 부족할 경우 좋은 텍스처로 완성되지 않을 수 있습니다.
최소 6시간 이상 냉장 휴지해야 하므로 하루 전 준비해두고 케이크 완성 계획을 짜는 것이 좋습니다.

D-1

Ⓓ
완성

딸기(중간 크기) **약 24개**
장식용 허브 **약간**

1 완성된 B(프로마주 아파레이유)의 페이스트리 타르트에 C(바닐라 가나슈 몽테)를 15g씩 짠다.

2 C(바닐라 가나슈 몽테) 주위에 딸기를 올리고 허브로 장식하여 마무리한다.

STRAWBERRY LEMON VERBENA MADELEINE

딸기 레몬 버베나 마들렌

마들렌 약 8개 분량

[만드는 순서 & 구성]

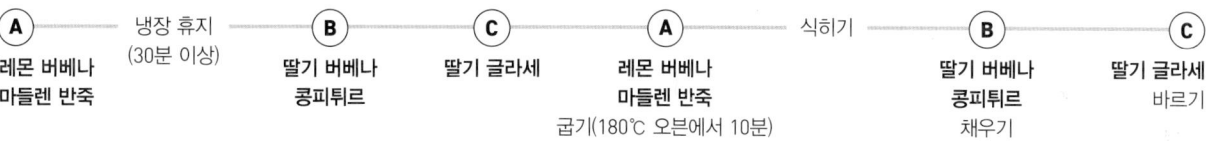

Ⓐ	냉장 휴지	Ⓑ	Ⓒ	Ⓐ	식히기	Ⓑ	Ⓒ
레몬 버베나 마들렌 반죽	(30분 이상)	딸기 버베나 콩피튀르	딸기 글라세	레몬 버베나 마들렌 반죽 굽기(180℃ 오븐에서 10분)		딸기 버베나 콩피튀르 채우기	딸기 글라세 바르기

해피해피케이크의 마들렌은 여느 마들렌에 비해 좀 더 촉촉하고 부드러운 식감이 특징입니다. 매장의 인기 제품 중 하나인 만큼 마들렌 역시 매 시즌마다 조금씩 다른 맛으로 변화를 주고 있는데요, 이번에는 딸기에 레몬 버베나를 더해 산뜻한 느낌으로 완성해 보았습니다. 마들렌 반죽은 비교적 만들기 쉬워서 초보자들도 재미있게 따라 할 수 있을 거예요. 이 레시피를 통해 마들렌 반죽 만들기의 기본과 구성 요소를 배워보겠습니다.

A-1

A-3

A-4

A-5

딸기 게랴버베나

11:30 ~

A-6

(A)

레몬 버베나 마들렌 반죽 8개 분량

READY

달걀 **57g**	레몬 버베나는 잘게 다져 둔다.
설탕 **45g**	가루류(박력분, 강력분, 아몬드파우더, 베이킹파우더)는 함께 체 친다.
트리몰린 **5g**	버터는 60℃로 녹인다.
박력분 **40g**	나머지 재료는 실온 상태로 준비한다.
강력분 **10g**	마들렌 틀에 버터를 칠한다.
아몬드파우더 **13g**	오븐은 180℃로 예열한다.
베이킹파우더 **2g**	
버터 **60g**	
우유 **4g**	
레몬 버베나 **0.5g**	

1 달걀에 설탕, 트리몰린을 넣고 거품기로 잘 섞으면서 설탕을 녹인다.

2 ①에 체 친 가루류를 넣고 잘 섞는다.

3 ②에 녹인 버터를 여러 번 나누어 넣고 잘 섞는다.

4 우유, 레몬 버베나를 넣고 섞어 반죽을 완성한다.

5 냉장고에서 30분 이상 휴지시킨다.

6 반죽을 짤주머니에 담아 틀의 90% 정도 팬닝하고 180℃ 오븐에서 10분 동안 굽는다.

[TIP]

1
마들렌 반죽은 냉장 휴지를 함으로써 더 촉촉하고 부드러워집니다. 반죽이 차가우면 팬닝이 편하고
구울 때 모양도 더 잘 잡히게 됩니다. 냉장 휴지는 최소 30분에서 하루 정도까지 가능하며
하루가 지나면 팽창제(베이킹파우더)의 팽창력이 떨어질 수 있습니다.

2
팬닝한 반죽을 냉동고에 10분 정도 두어 반죽이 조금 단단해진 상대에서 구우면
모양이 더 예쁘게 나옵니다.

 B-2
 B-3
 C-1

Ⓑ

딸기 버베나 콩피튀르 완성 약 100g(개당 5g 사용)

READY

냉동 딸기 **40g**
딸기 퓌레 **76g**
설탕 **40g**
NH 펙틴(소사) **1.8g**
레몬즙 **8g**
레몬 버베나 **0.7g**

설탕과 NH 펙틴은 함께 계량한다.
레몬 버베나는 잘게 다져 둔다.

1 냉동 딸기, 딸기 퓌레를 45℃ 정도까지 데운다.
2 설탕과 NH 펙틴을 넣고 거품기로 잘 저으면서 가열한다.
3 점도가 생길 때까지 가열한 다음 레몬 버베나를 넣어 마무리한다.
4 냉장고에서 식힌 다음 덩어리가 없도록 풀어 짤주머니에 담아 둔다.

[TIP]

펙틴은 식물의 세포막을 구성하는 성분으로 과일 껍질이나 과육에 많이 포함되어 있습니다.
NH 펙틴은 산도 pH 3.5~3.7, 설탕 40% 이상의 조건에서 응고되며 과일 재료에 가장 적합한
펙틴으로 과일 베이스의 나파주나 필링, 저당용 잼에 사용할 수 있습니다.

D-1 D-2 D-3

Ⓒ

딸기 글라세 8개 분량

슈거파우더 **71g**
블랙커런트 퓌레 **7g**
딸기 리큐르(디종 딸기) **3g**
물 **10g**, 식용 색소(빨강) **약간**

1 모든 재료를 잘 섞어 완성한다.

Ⓓ

완성

1 완성된 A(레몬 버베나 마들렌 반죽)에 꼬치 등을 이용해
   B(딸기 버베나 콩피튀르)를 짜 넣을 공간을 만든다.
2 B(딸기 버베나 콩피튀르)를 5g 정도 짜 넣는다.
3 마들렌 표면에 C(딸기 글라세)를 균일하게 바른다.
4 160℃ 오븐에서 1분 정도 글라세를 건조시킨다.

STRAWBERRY ARUGULA SALAD TART

딸기 루콜라 샐러드 타르트

지름 18㎝ 타르트 1개 분량

[만드는 순서 & 구성]

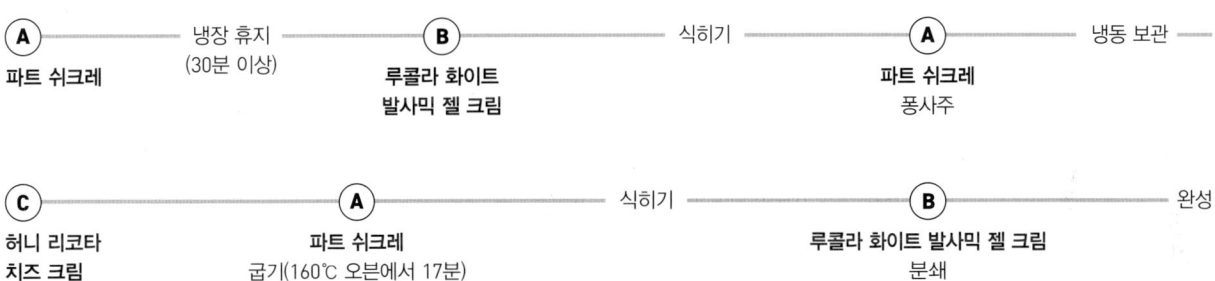

Ⓐ ——— 냉장 휴지 ——— Ⓑ ——— 식히기 ——— Ⓐ ——— 냉동 보관 ———
파트 쉬크레　(30분 이상)　　루콜라 화이트　　　　　　파트 쉬크레
　　　　　　　　　　　발사믹 젤 크림　　　　　　퐁사주

Ⓒ ——— Ⓐ ——— 식히기 ——— Ⓑ ——— 완성
허니 리코타　　　파트 쉬크레　　　　　　루콜라 화이트 발사믹 젤 크림
치즈 크림　　굽기(160℃ 오븐에서 17분)　　　　분쇄

딸기는 신선한 재료들을 곁들여 샐러드를 만들어도 좋은 과일이지요. 여기서 아이디어를 얻어 루콜라, 레몬, 크림치즈를 딸기와 함께
타르트에 담아 샐러드 느낌을 살렸습니다. 딸기 외에도 맛있는 생과일, 그리고 생과일과 잘 어울리는 재료들을 간단히 올려 나만의
레시피를 만들어 보는 재미를 느껴보세요.

A-1

A-2

A-3

A-4

A-5

A-7

맛내기 타르트
11:30 ~

A

파트 쉬크레 완성 약 350g(타르트 3개 분량)

READY

버터 80g
슈거파우더 64g
소금 1.4g
달걀 30g
박력분 176g

박력분은 체 친다.
모든 재료를 실온 상태로 준비한다.
버터는 포마드 상태로 준비한다.
타르트 링 안쪽 면에 버터를 칠한다.

1 포마드 상태의 버터에 슈거파우더, 소금을 넣고 섞는다.

2 ①에 달걀을 넣고 섞는다.

3 ②에 체 친 박력분을 넣고 자르듯이 섞어 밀가루가 안보이는 정도가 되면 치대어 뭉친다.

4 한덩어리로 뭉쳐 랩으로 싼 다음 냉장고에서 30분 이상 휴지시킨다.

5 휴지시킨 반죽을 잠시 냉동고로 옮겨 차갑게 식힌 다음 꺼내서 2㎜ 두께로 밀어 편다.

6 지름 17.5㎝ 원형의 타르트 바닥, 56×2.5㎝ 긴 띠형태의 타르트 옆면으로 각각 재단한다.

7 타르트 링에 재단한 옆면 반죽을 두르고 옆면 반죽과 바닥 반죽이 부착될 부분에
   물을 살짝 바른 다음 바닥 반죽을 링에 퐁사주한다.

8 냉동고에서 10분 이상 휴지한 다음 160℃로 예열한 오븐에서 10분, 링을 제거하고
   7분 더 굽는다. 구워진 셸은 랩핑해서 냉동 보관할 수 있다.

9 바로 사용할 경우엔 오븐에서 꺼내 반죽이 뜨거운 상태에서 셸 안쪽에 흰자(분량 외)를
   얇게 바른다. 냉동 상태라면 사용할 때 셸 안쪽에 흰자를 얇게 바른 다음 140℃ 오븐에서
   5분 정도 구워 건조시킨다. 흰자를 바르면 막이 형성되어 바삭함을 오래 유지할 수 있다.

[TIP]

1
파트 쉬크레(pâte sucrée)는 타르트의 그릇 역할을 하는 반죽 중 설탕의 비율이 높아
비교적 경쾌하게 부서지는 식감의 반죽입니다. 파트 쉬크레를 만들고 성형할 때는 중간중간 반죽을
냉장고에 넣어 휴지시키는 과정이 필요한데, 이것은 반죽을 차갑게 식혀 작업성을 좋게 하고
구울 때 수축하지 않도록 합니다. ④~⑥의 과정에서 반죽이 상온에서 부드럽게 되었다면
반죽을 다시 차가운 상태로 만들고 그 상태를 유지하며 작업하도록 합니다

2
퐁사주(fonçage)는 용기 옆면과 바닥에 반죽을 팬닝하는 작업을 말합니다.

3
틀에 반죽을 퐁사주한 다음 여분의 반죽을 틀 높이에 맞춰 칼로 잘라 냅니다.

B-1

B-3

Ⓑ

루콜라 화이트 발사믹 젤 크림

완성 약 210g(개당 70g 사용)

READY

설탕과 아가아가는 함께 계량한다.

베르가못 퓌레 110g, 화이트발사믹글레이즈 42g
물 50g, 아가아가(소사) 4g, 설탕 26g, 루콜라 3g

1 베르가못 퓌레, 화이트발사믹글레이즈, 물을 45℃ 정도
데운 다음 설탕과 아가아가를 넣고 거품기로 저으면서
끓어오를 때까지 가열한다.
2 불에서 내려 냉장고에서 차갑게 식힌다.
3 ②가 단단하게 굳으면 루콜라를 넣고 핸드블렌더로
곱게 갈아서 크림을 완성한다.

[TIP]

1
이 크림은 핸드블렌더로 잘 갈아 고운 텍스처로 완성하는 것이
포인트입니다. 너무 소량이면 작업이 어렵기 때문에 최소 이 레시피의
분량만큼은 만들어야 합니다. 완성된 크림은 냉장고에서 일주일 정도
보관할 수 있으므로 한 번에 만들어 두었다 필요할 때 사용합니다.

2
아가아가(agar-agar)는 한천을 주원료로 만든 분말 겔화제로 약간
부서지기 쉽고 끈기가 없는 것이 특징입니다. 뜨겁게 가열한 재료에
직접 첨가하면 덩어리지기 쉬우므로 입자가 큰 설탕 등과 미리 섞어
분산력을 높여야 합니다. 젤라틴보다 열에 강해 디저트에 넣었을 때
실내 기온이 높아져도 잘 녹지 않는 장점이 있지만 산미가 강한 액체에
넣으면 응고력이 떨어질 수 있으므로 주의합니다.

C-2

Ⓒ

허니 리코타 치즈 크림 <small>완성 약 180g(타르트 1개 분량)</small>

READY

아몬드 슬라이스는 170℃ 오븐에서 8분 정도 구워 둔다.

크림치즈 **73g**, 리코타치즈 **51g**, 꿀 **23g**
사워크림 **13g**, 레몬즙 **3g**, 아몬드 슬라이스 **22g**

1 크림치즈와 리코타치즈를 부드럽게 푼다.
2 ①에 꿀, 사워크림, 레몬즙, 아몬드 슬라이스를 넣고
  잘 섞어 치즈 크림을 완성한다.

Ⓓ

베르가못 젤리

완성 약 216g(개당 36g 사용, 한 번에 만들기 쉬운 분량)

READY

설탕과 펄아가는 함께 계량한다.
12cm 정사각 무스 틀 바닥에 랩을 씌워 둔다.

베르가못 퓌레 **77g**
물 **99g**
설탕 **44g**
펄아가(No.9) **16.5g**

1 베르가못 퓌레, 물을 45℃ 정도 데운 다음 설탕과 펄아가를 넣고
  거품기로 저으면서 끓어오를 때까지 가열한다.
2 준비한 무스 틀에 붓고 냉장고에서 5시간 이상 충분히 굳힌다.
3 젤리가 굳으면 적당한 크기로 잘라서 준비한다.

[TIP]

펄아가(pearl agar)는 홍조류에서 추출한 카라기난, 로커스트검 등을 주원료로 하는 젤리 겔화제로
젤라틴과 한천보다 투명하고 탄력과 광택이 뛰어나며 부드러운 식감이 특징입니다. 아가아가와
마찬가지로 뜨겁게 가열한 재료에 식섭 첨가하면 덩어리지기 쉬우므로 입자가 큰 설탕 등과
미리 섞어 분산력을 높여야 합니다. 산미가 강한 액체에 넣으면 응고력이 떨어질 수 있습니다.

E

완성

어린 루콜라잎 **5g**

딸기 **약 10개**

(중간 크기)

1 준비된 A(파트 쉬크레)에 B(루콜라 화이트 발사믹 젤 크림) 70g을 평평하게 펴 바른다.

2 ① 위에 C(허니 리코타 치즈 크림) 180g을 채운다.

3 적당한 크기로 자른 딸기를 가득 올리고 D(베르가못 젤리) 36g을 올린다.

4 어린 루콜라잎으로 장식해 완성한다.

COCONUT PANNA COTTA& BERRY COMPOTE

코코넛 판나코타&베리 콩포트

지름 6.3㎝ 판나코타 6개 분량

[만드는 순서 & 구성]

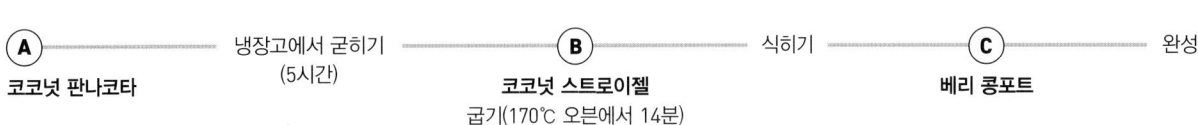

A ——— 냉장고에서 굳히기 ——— **B** ——— 식히기 ——— **C** ——— 완성
(5시간)

코코넛 판나코타   **코코넛 스트로이젤**   **베리 콩포트**
굽기(170℃ 오븐에서 14분)

판나코타는 우유나 크림에 젤라틴을 넣어 젤리 형태로 굳혀 만드는 이탈리아의 푸딩인데요, 일반 푸딩처럼 달걀 등의 재료가 구워지며 응고되는 방식이 아니기 때문에 비교적 쉽게 만들 수 있다는 것이 장점입니다. 진한 코코넛 맛의 판나코타에 콩포트와 스트로이젤, 딸기 등을 함께 담으면 간단하게 맛있는 판나코타 디저트를 완성할 수 있습니다.

A-2

A-4

Ⓐ

코코넛 판나코타 완성 570g(개당 95g 사용, 실리코마트 SF119 몰드)

READY

우유 **290g**

코코넛파우더 **44g**

코코넛 퓌레 **20g**

생크림 **145g**

설탕 **46g**

젤라틴매스 **37.8g**

코코넛파우더는 160℃ 오븐에서 8분 정도 구워 둔다.
젤라틴매스(젤라틴 6.3g + 물 31.5g)를 준비한다(p.16 젤라틴매스 참조).

1 우유에 구운 코코넛파우더를 넣어 끓기 진까지 가열힌 다음 5분간 뚜껑을 딮어 우러낸다.

2 코코넛파우더를 체에 거르고 우유의 중량을 잰 후 다시 290g이 되도록 우유를 추가한다.

3 ②에 코코넛 퓌레, 생크림, 설탕, 젤라틴매스를 넣고 설탕과 젤라틴이 잘 녹을 수 있도록
거품기로 가볍게 섞어주면서 60℃까지 가열한다.

4 몰드에 채우고 냉장고에서 5시간 이상 굳힌다.

5 판나코타가 젤리처럼 굳으면 몰드에 열을 가해 판나코타 표면을 따뜻하게 한 다음
뒤집어서 자연스럽게 분리한다.

[TIP]

판나코타는 우유나 크림에 젤라틴을 넣고 굳혀 푸딩과 같은 텍스처를 완성하는 디저트입니다.
젤라틴이 고루 잘 섞이는 것이 포인트이기 때문에 판나코타 재료를 가열할 때
반드시 젤라틴이 잘 녹을 수 있는 온도인 50~60℃ 이상으로 가열히는 것이 중요합니다.

B-3   C-1

C-2   C-3

Ⓑ

코코넛 스트로이젤 완성 약 200g(개당 5g 사용, 한 번에 만들기 쉬운 분량)

R E A D Y

버터 **50g**
설탕 **37g**
박력분 **50g**
아몬드파우더 **40g**
코코넛롱 **27g**

코코넛롱을 제외한 모든 재료는 냉장 보관하여 차가운 상태로 준비한다.
오븐은 170℃로 예열한다.

1 코코넛롱을 제외한 모든 재료를 푸드프로세서에 넣고 작은 소보로 상태로 만든다.
2 ①에 코코넛롱을 더해 가볍게 섞어 스트로이젤 반죽을 완성한다.
3 테프론 시트를 깐 철판 위에 고루 펴고 170℃ 오븐에서 14분 동안 굽는다.

Ⓒ

베리 콩포트 약 6개 분량

R E A D Y

냉동 딸기 **150g**
냉동 라즈베리 **90g**
냉동 블루베리 **30g**
설탕 **96g**
라즈베리 퓌레 **45g**
체리 리큐르(키르슈) **6g**

하루 전에 냉동 과일을 설탕과 함께 섞고 냉장 해동해 수분이 빠져나오록 한다.

1 미리 준비한 냉동 과일을 체에 내려 수분과 과육을 분리한다.
2 냉동 과일의 수분과 라즈베리 퓌레를 냄비에 담고 약간 점도가 생길 때까지 졸인다.
   주걱으로 바닥을 긁었을 때 선이 선명하게 남는 정도의 점도면 적당하다.
3 ②에 체에 거른 과육을 넣고 수분을 조금 날린 다음 불에서 내린다.
4 체리 리큐르를 넣어 마무리한다.

Ⓓ

완성

딸기 **약 6개**
(중간 크기)

1 원하는 용기에 A(코코넛 판나코타)를 담고 C(베리 콩포트),
   B(코코넛 스트로이젤), 딸기를 올려 플레이팅한다.

STRAWBERRY FROMAGE

스트로베리 프로마주

지름 7.5㎝ 프티 가토 6개 분량

[만드는 순서 & 구성]

| A | ─ 냉동고에서 굳히기 ─ | B | ─ 냉동고에서 굳히기 ─ | C | ─ 냉동고에서 굳히기 ─ | D | A | ─ 완성 |

A 라이트 치즈 무스 — 냉동고에서 굳히기 — **B** 딸기 쿨리 — 냉동고에서 굳히기 — **C** 크루스티앙 — 냉동고에서 굳히기 — **D** 초콜릿 장식물 — **A** 라이트 치즈 무스 미루아르 씌우기 — 완성

딸기는 크림치즈나 마스카르포네치즈, 프로마주블랑 등의 산뜻한 치즈와 잘 어울려 치즈 맛의 무스나 크림류와 함께 구성하는 경우가 많은데요. 이번에는 치즈를 더한 무스에 딸기를 더해 프티 가토 형태로 만들어 보았습니다. 가벼운 산미를 강조한 라이트 치즈 무스 케이크로 딸기의 맛을 살리면서도 마스카르포네치즈, 프로마주블랑을 적절히 조합해 부드러운 텍스처로 마무리했습니다. 해피해피의 케이크 구성을 단적으로 엿볼 수 있는 레시피입니다.

Ⓐ

라이트 치즈 무스 완성 약 276g(파보니 PX078 몰드 6개 분량)

READY

마스카르포네치즈 22g	젤라틴매스(젤라틴 2.3g + 물 11.5g)를 준비한다(p.16 젤라틴매스 참조).
프로마주블랑(이즈니) 81g	생크림은 70% 정도 휘핑한다(p.10 생크림 참조).
플레인요거트(무가당) 23g	
슈거파우더 41g	1 마스카르포네치즈와 프로마주블랑은 부드럽게 푼다.
레몬즙 5g	2 ①에 플레인요거트를 넣어 섞는다.
젤라틴매스 13.8g	3 ②에 슈거파우더, 레몬즙을 순서대로 넣고 섞는다.
생크림 110g	4 ③에 녹인 젤라틴매스를 넣고 거품기로 잘 섞는다.

1 마스카르포네치즈와 프로마주블랑은 부드럽게 푼다.
2 ①에 플레인요거트를 넣어 섞는다.
3 ②에 슈거파우더, 레몬즙을 순서대로 넣고 섞는다.
4 ③에 녹인 젤라틴매스를 넣고 거품기로 잘 섞는다.
5 ④에 휘핑해 둔 생크림을 넣고 거품기로 잘 섞는다.
6 완성된 무스를 몰드에 채우고 표면을 평평하게 정리한다.
7 냉동고에서 굳힌다. 냉동 보관해 두고 사용한다.

[TIP]
녹인 젤라틴매스를 차가운 치즈에 넣고 섞을 때는 젤라틴이 부분적으로 굳어
덩어리질 수 있으므로 빠르게 거품기로 혼합하여 잘 확산될 수 있도록 합니다.

B-1

B-3

Ⓑ

딸기 쿨리 완성 약 150g(개당 25g 사용, 파보니 PX078 몰드 6개 분량)

READY

딸기 퓌레 **90g**	젤라틴매스(젤라틴 2.5g + 물 12.5g)를 준비한다(p.16 젤라틴매스 참조).

딸기 퓌레 **90g**
냉동 딸기 **20g**
냉동 라스베리 **13g**
설탕 **25g**
젤라틴매스 **15g**
딸기 리큐르(디종 딸기) **4g**

1 냄비에 딸기 퓌레, 냉동 딸기, 냉동 라즈베리, 설탕, 젤라틴매스를 넣고 약 60℃까지 가열해 젤라틴을 잘 녹인다. 이때 과일 조각이 크게 남아있다면 핸드블렌더로 살짝 갈아 준다.
2 ①에 딸기 리큐르를 넣고 잘 섞는다.
3 몰드에 25g씩 채운 다음 냉동고에서 굳힌다. 냉동 보관해 두고 사용한다.

C-1

C-2

D-4

Ⓒ

크루스티앙 지름 7.5㎝ 타르트 링 6개 분량

READY

화이트초콜릿 **34g**
(발로나 오팔리스)

파이테 푀이틴 **42g**
(발로나 에클라도르)

화이트초콜릿은 40℃로 녹인다.

1 녹인 초콜릿과 파이테 푀이틴을 잘 섞는다.
2 타르트 링에 평평하게 채운 다음 틀을 바로 제거하고 냉동고에서 굳혀 모양을 잡는다.
  냉동 보관해 두고 사용한다.

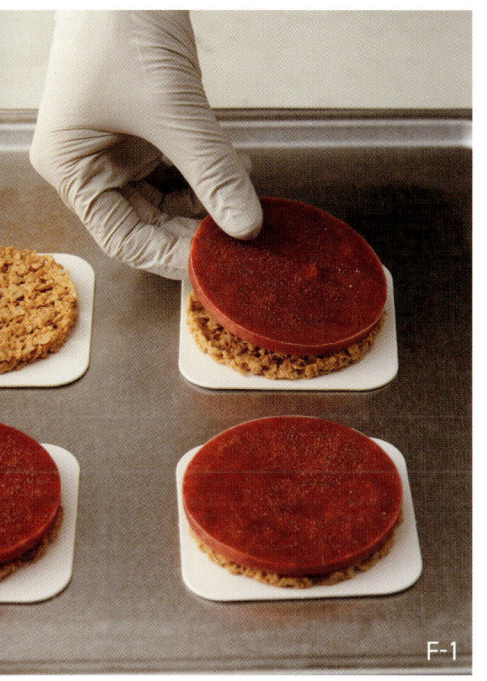

F-1   F-2   F-3

Ⓓ

초콜릿 장식물 지름 7.5㎝ 타르트 링 6개 분량

READY

화이트초콜릿은 녹여서 화이트 색소를 조금 넣은 다음 템퍼링한다
(p.18 초콜릿 템퍼링 참조).

건조 딸기 분말 **약간**
화이트초콜릿(발로나 오팔리스) **500g**

1 투명 필름 위에 건조 딸기 분말을 부분적으로 조금씩 뿌린다.
2 템퍼링한 화이트초콜릿을 필름 위에 얇게 편다.
3 초콜릿 표면이 살짝 굳으면 필름은 잘리지 않도록 조심하면서
    칼 등을 이용해서 24.5×3.5㎝ 크기의 직사각형으로 재단한다.
4 윗면에 유산지를 얹고 지름 7.5㎝ 파이프에 말아서 고정한다.
5 냉장고에서 잠시 굳힌 다음 필름을 제거한다.

Ⓕ

완성

딸기(중간 크기) **약 12개**
미루아르 **적당량**

1 C(크루스티앙) 위에 B(딸기 쿨리)를 올린다.
2 A(라이트 치즈 무스)에 25℃ 투명 미루아르를 씌운
    다음 ① 위에 얹는다.
3 D(초콜릿 장식물)를 두르고 딸기를 얹어 완성한다.

체 리 위 크

CHERRY
WEEK

우리나라에서 체리를 만날 수 있는 시기는 크게 두 시즌으로 나뉩니다. 미국산 체리 수입 시즌과 칠레산 체리 수입 시즌인데요, 해피해피케이크에서는 '체리 위크'라는 체리 디저트 행사를 미국 체리가 수입되는 여름에 진행하고 있습니다. 체리는 과육이 단단하고 향이 강한 과일이어서 디저트에 사용할 때 강한 존재감이 느껴지죠. 개인적으로는 생체리 특유의 아삭거리는 식감을 좋아해서 생체리 그대로를 디저트에 활용하는 경우가 많습니다.

체리가 맛있는 계절

미국산 체리는 5~8월, 칠레산 체리는 11~2월에 수입됩니다. 우리나라에서 수입하는 미국산 체리는 미국 북서부 5개 주에서 생산하는 '워싱턴 체리'가 대표적이며, 가장 많이 재배되는 적갈색의 당도 17~19%, 크고 단단한 빙(Bing) 품종이 대부분을 차지합니다.

최근 경주를 중심으로 월산금, 좌등금, 황옥 등의 국산 체리도 생산되고 있는데, 식감이나 진한 맛은 수입 체리에 비해 떨어지지만 신선함이나 산미는 좋다고 알려져 있습니다. 생산 시기가 짧고 가격이 비싼 단점은 있지만 국산 체리가 나오는 여름철에 포인트로 사용해 보는 것도 좋아요.

체리 보관하기

구입한 체리는 반드시 냉장 보관해야 합니다. 더운 곳에 두면 금방 흐물흐물해져요. 대량으로 구입했을 때는 손상된 체리를 골라내고 최대한 건조한 상태를 유지해주면서 냉장 보관하는 것이 좋습니다.

체리 선택하기

체리는 꼭지가 녹색인 것, 알이 단단하고 포동포동하며 광택이 나는 것을 고릅니다. 물렁물렁하거나 갈색 반점이 있는 체리는 금방 상하고 물기가 생기기 때문에 사용하지 않는 것이 좋습니다. 체리의 크기는 '로우(row)'로 측정되는데, 숫자가 클수록 알의 크기가 작은 것입니다. 디저트에는 보통 9~9.5R 정도를 사용하는 것이 장식했을 때 예쁘고 먹음직스러워 보여요.

체리와 잘 어울리는 재료

크림, 아몬드
피스타치오, 초콜릿, 키르슈

체리 응용하기

[생과일] 당도가 좋고 사이즈가 큰 것을 선호합니다. 특유의 아삭한 식감이 좋아서 되도록 생체리를 그대로 넣는 레시피가 많은 편이죠. 데커레이션을 제외하고는 반으로 잘라 씨를 제거하고 사용합니다.

[건과일, 통조림] 건조체리는 파운드케이크나 구움과자에 활용합니다. 당절임된 체리 역시 구움과자에 사용하기 좋습니다.

[리큐르] 체리 증류주인 키르슈, 브랜디인 아르마냑도 잘 어울립니다. 아몬드 풍미를 더하는 경우 아마레토와 함께 활용하면 좋습니다.

CHERRY CREAM CHEESE MADELEINE

체리 크림치즈 마들렌

마들렌 약 8개 분량

[만드는 순서 & 구성]

(A) ────────── 냉장 휴지 ──────────── (B) ──────── 식히기 ──────── (A)(B)

크림치즈 마들렌 반죽   (30분 이상)   스트로이젤   크림치즈 마들렌 반죽 +
                           굽기(170℃ 오븐에서 8분)   스트로이젤
                                                      굽기(180℃ 오븐에서 12분)

진한 크림치즈의 풍미와 크리미한 텍스처로 완성되는 치즈케이크와 같은 마들렌입니다. 그대로 구워도 맛있지만 여기에 치즈와 잘 어울리는 당절임 체리, 바삭한 식감의 스트로이젤을 더해주면 한층 더 색다르게 즐길 수 있답니다. 크림치즈 마들렌과 체리, 스트로이젤을 올린 마들렌 두 가지 버전으로 만들어보세요.

A-READY

A-1

A-3

A-5

Ⓐ

크림치즈 마들렌 반죽 8개 분량

READY

달걀 48g	가루류(박력분, 옥수수 전분, 소금, 베이킹파우더)는 함께 체 친다.
설탕 47g	버터는 60℃로 녹인다.
박력분 53g	화이트초콜릿은 40℃로 녹인다.
옥수수 전분 5g	나머지 재료는 실온 상태로 준비한다.
소금(플뢰르 드 셀) 1.5g	마들렌 틀에 버터를 칠한다.
베이킹파우더 2.3g	토핑용 크림치즈는 작은 조각으로 자르고 당절임 체리는 반으로 자른다.
크림치즈 25g	스트로이젤은 구워서 식혀 둔다.
버터 35g	
화이트초콜릿 10g	**1** 달걀에 설탕을 넣고 거품기로 잘 섞으면서 설탕을 녹인다.
(발로나 오팔리스)	**2** ①에 체 친 가루류를 넣고 잘 섞는다.
	3 ②에 부드럽게 푼 크림치즈를 넣고 거품기로 잘 섞는다.
크림치즈 30g	**4** ③에 60℃로 녹인 버터를 넣고 잘 섞는다.
당절임 체리 8개	**5** ④에 40℃로 녹인 화이트초콜릿을 넣어 섞고 반죽을 마무리한다.
(아마레나 체리 통조림)	**6** 냉장고에서 30분 이상 휴지시킨다.
B(스트로이젤) 12g	**7** 휴지시킨 반죽을 짤주머니에 담고 틀의 90% 정도 높이까지 팬닝한다.
	8 반죽 위에 크림치즈 3조각, 구운 스트로이젤 약간, 반으로 자른 당절임 체리 2개를 각각 올린다.
	9 180℃로 예열한 오븐에서 12분 동안 굽는다.

[TIP]

1

당절임 체리 대신 당절임 크랜베리, 무화과 등으로 응용할 수 있습니다.

2

팬닝한 반죽을 냉동고에서 10분 정도 두어 반죽이 조금 단단해진 상태에서 구우면
모양이 더 예쁘게 구워집니다.

3

크림치즈가 들어간 반죽으로 다른 마들렌에 비해 굽는 시간이 조금 더 걸립니다.
마들렌의 배꼽 부분까지 색이 나는 것을 확인한 다음 오븐에서 꺼내 주세요.

A-8

B-2

Ⓑ

스트로이젤 완성 약 170g(12g 사용, 한 번에 만들기 쉬운 분량)

R E A D Y

버터 50g

설탕 35g

박력분 50g

아몬드파우더 50g

모든 재료는 냉장 보관하여 차가운 상태로 준비한다.

오븐은 170℃로 예열한다.

1 모든 재료를 푸드프로세서에 넣고 작은 소보로 상태로 만든다.

2 테프론 시트를 깐 철판 위에 고루 펴고 170℃ 오븐에서 8분 동안 초벌굽기한다.

[TIP]

1

굽지 않은 스트로이젤을 마들렌 반죽 위에 올려 구울 경우 스트로이젤이 덜 익을 수 있습니다.

초벌굽기로 반죽과 스트로이젤의 구움 정도를 맞춰 주는 것이 좋습니다.

2

여분의 스트로이젤은 밀폐용기에 냉동 보관해 두었다가 필요할 때 사용할 수 있고

한 달 내에 소비하도록 합니다.

CHERRY&
CHOCOLATE
BROWNIE

체리&초콜릿 브라우니

18×18㎝ 브라우니 1개 분량

[만드는 순서 & 구성]

B ─────────────────── 식히기 ─────────────────── **A** **B**
체리 콩포트   다크초콜릿 브라우니 + 체리 콩포트
                                                  굽기(170℃ 오븐에서 16분)

체리와 잘 어울리는 재료를 꼽으라면 다크초콜릿을 빼놓을 수 없죠. 쌉싸래하고 약간의 신맛을 가진 다크초콜릿으로 진한 초콜릿 브라우니를 만들고 여기에 체리 콩포트를 얹어 구워 주면 체리는 초콜릿의 맛을 더 풍성하게, 초콜릿은 체리의 매력을 더욱 돋보이게 해준답니다. 당도를 줄이고 크리미한 텍스처를 강조한 해피해피케이크만의 브라우니 레시피로 완성한 제품입니다.

(A)

다크초콜릿 브라우니 18×18㎝ 브라우니 1개 분량

READY

다크초콜릿 160g	B(체리 콩포트)를 만들어 식힌다.
(발로나 만자리 64%)	가루류(박력분, 코코아파우더)를 함께 체 친다.
버터 96g	
달걀 120g	1 다크초콜릿과 버터를 60℃로 녹인다.
노른자 20g	2 볼에 달걀과 노른자를 풀고 황설탕, 흑설탕을 넣은 다음 거품기로 잘 저어가며
황설탕 61g	중탕으로 40℃ 정도로 데워 설탕을 녹인다.
흑설탕 61g	3 ②를 핸드믹서로 휘핑하여 가볍게 거품을 올린다.
박력분 26g	4 ③에 ①을 넣고 핸드믹서의 저속으로 가볍게 섞는다.
코코아파우더 8g	5 ④에 체 친 가루류를 넣고 주걱으로 자르듯이 섞어 반죽을 완성한다.

[TIP]

초콜릿이 많이 들이기는 브리우니는 반죽이 분리되지 않고 잘 섞여야 좋은 텍스처로
완성됩니다. 레시피의 온도대로 재료 간의 온도차를 줄여 반죽이 잘 유화되도록 합니다.

(B)

체리 콩포트 브라우니 1개 분량, 전량 사용

READY

냉동 모렐로체리 **85g**
체리 퓌레 **18g**
설탕A **20g**
설탕B **4g**
NH 펙틴(소사) **0.5g**
레몬즙 **3g**

설탕B와 NH 펙틴을 함께 계량한다.

1 냉동 체리, 체리 퓌레, 설탕A를 45℃ 정도로 가열한다.
2 ①에 설탕 B와 NH 펙틴을 넣고 거품기로 저어가며
   약간의 점도가 생길 때까지 가열한다.
3 불에서 내려 레몬즙을 넣고 식힌다.

[TIP]

1
체리 콩포트는 점도가 너무 되직할 경우 브라우니 반죽 아래로 가라앉을 수 있습니다.
약간 묽은 잼 정도로 완성해 주세요.

2
펙틴은 식물의 세포막을 구성하는 성분으로 과일 껍질이나 과육에 많이 포함되어
있습니다. NH 펙틴은 산도 pH 3.5~3.7, 설탕 40% 이상의 조건에서 응고되며 과일 재료에
가장 적합한 펙틴으로 과일 베이스의 나파주나 필링, 저당용 잼에 사용할 수 있습니다.

(C)

완성

1 종이 포일을 깔아 준비한 틀에 반죽을 붓고 미리 만들어 둔 B(체리 콩포트)를
   스푼으로 군데군데 올린다.
2 170℃로 예열한 오븐에서 16분 동안 굽는다.
3 오븐에서 나온 브라우니 반죽은 틀을 제거하고 식힌 다음 적당한 크기로 자른다.

CHERRY
JELLY
PANNA COTTA

체리 젤리 판나코타

지름 5㎝, 높이 11.5㎝ 보틀 8개 분량

[만드는 순서 & 구성]

B ─── 냉장고에서 굳히기 ─── **A** ─── 냉장고에서 굳히기 ─── **B** ─── 완성

체리 젤리 　　　　　　　　　　　 판나코타 　　　　　　　　　　　 체리 젤리
　　　　　　　　　　　　　　　　 아르마냑 　　　　　　　　　　　 자르기

해피해피케이크의 과일 레시피는 젤리를 활용하는 게 많은데요, 응고제를 섬세하게 잘 사용하여 의도한 텍스처의 젤리를 만들어 주면 과일의 풍미를 돋우면서도 재미있는 식감을 더할 수 있습니다. 이 레시피에서는 아르마냑을 넣은 판나코타와 체리 젤리로 간단하게 베린을 완성했어요. 생체리와 체리 젤리, 판나코타의 식감 차이와 맛의 조화에 집중하며 즐겨보세요.

Ⓐ

판나코타 아르마냑 보틀 8개 분량

READY

젤라틴매스(젤라틴 6.5g + 물 32.5g)를 준비한다(p.16 젤라틴매스 참조).

생크림 **426g**

우유 **230g**

설탕 **74g**

물엿 **16g**

젤라틴매스 **39g**

브랜디(아르마냑) **20g**

1 냄비에 생크림, 우유, 설탕, 물엿, 젤라틴매스를 넣고 젤라틴과 설탕이
  잘 녹을 수 있도록 거품기로 가볍게 섞으면서 60℃까지 가열한다.

2 체에 내린 다음 브랜디를 섞어 완성한다.

3 보틀에 100g씩 담아 냉장고에서 5시간 이상 굳힌다.

[TIP]

아르마냑(Armagnac)은 프랑스 보르도 지방의 아르마냑 지역에서 생산되는 브랜디입니다.

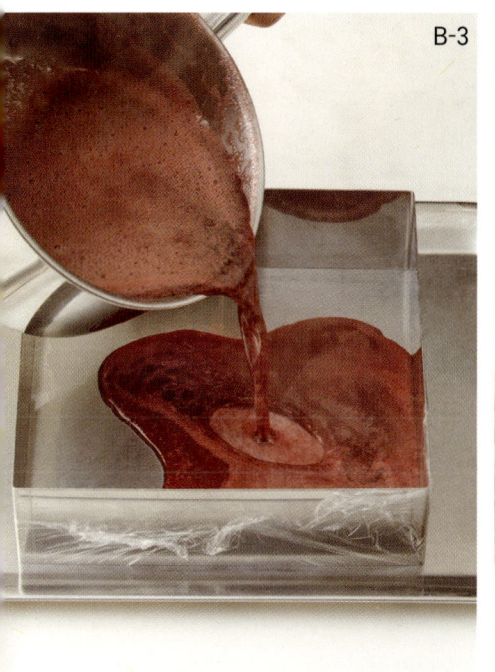

Ⓑ

체리 젤리 완성 약 480g(개당 60g 사용)

READY

체리 퓌레 **96g**

물 **216g**

체리 시럽 **60g**

그레나딘 시럽 **24g**

설탕 **113g**

펄아가(No.9) **17g**

설탕과 펄아가는 함께 계량한다 • 18㎝ 정사각 무스 틀 바닥에 랩을 씌워 둔다.

1 냄비에 체리 퓌레, 물, 체리 시럽, 그레나딘 시럽을 넣고 45℃ 정도까지 데운다.

2 설탕과 펄아가를 넣고 거품기로 저으면서 끓어 오를 때까지 가열한다.

3 준비한 무스 틀에 붓고 냉장고에서 5시간 이상 충분히 굳힌다.

4 젤리가 굳으면 적당한 크기로 자른다.

[TIP]

펄아가(pearl agar)는 한천보다 투명하고 탄력과 광택이 뛰어나며 부드러운 식감이
특징입니다. 뜨겁게 가열한 재료에 직접 첨가하면 덩어리지기 쉬우므로 입자가 큰 설탕 등과
미리 섞어 분산력을 높여야 합니다. 산미가 강한 액체에 넣으면 응고력이 떨어질 수 있습니다.

Ⓒ

완성

체리 **12개**

1 A(판나코타 아르마냑) 보틀에 B(체리 젤리)를 60g씩 담고 체리를 얹어 완성한다.

PISTACHIO
&CHERRY
POUND CAKE

피스타치오&체리 파운드케이크

4×9×5㎝ 미니 파운드 틀 4개 분량

[만드는 순서 & 구성]

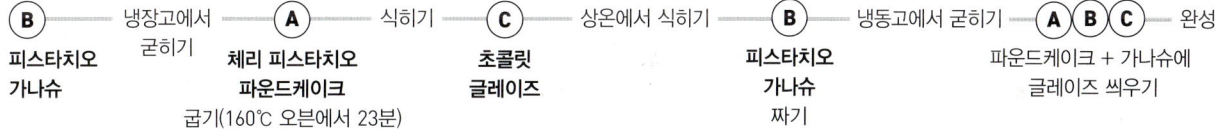

B 피스타치오 가나슈 ─ 냉장고에서 굳히기 ─ **A** 체리 피스타치오 파운드케이크 굽기(160℃ 오븐에서 23분) ─ 식히기 ─ **C** 초콜릿 글레이즈 ─ 상온에서 식히기 ─ **B** 피스타치오 가나슈 짜기 ─ 냉동고에서 굳히기 ─ **A B C** 파운드케이크 + 가나슈에 글레이즈 씌우기 ─ 완성

체리 디저트에 피스타치오를 함께 활용하는 경우가 많은데요, 피스타치오 특유의 견과류 풍미가 체리와 잘 어울리기 때문이죠. 이 레시피
에서는 피스타치오 파운드케이크에 체리를 넣고 피스타치오 가나슈로 재미를 더했습니다. 그리고 초콜릿 글레이즈로 촉촉함이 더 오래
유지되도록 구성했습니다.

A-READY

A-1

A-4

A-5

A-8

A-9

체리 피스타치오 파운드케이크 완성 640g(개당 160g 사용)

READY

버터 180g	

버터 180g
설탕 99g
꿀 23g
피스타치오 페이스트 43g
달걀 68g
노른자 22g
박력분 108g
피스타치오파우더 23g
옥수수 전분 9g
베이킹파우더 4g
핵과류 리큐르(아마레토) 9g
당절임 체리 81g
(아마레나 체리 통조림)

가루류(박력분, 피스타치오파우더, 옥수수 전분, 베이킹파우더)는 함께 체 친다.
틀에 종이 포일을 깔아 둔다.
버터는 포마드 상태로 준비한다.
모든 재료는 실온상태로 준비한다.
달걀과 노른자는 함께 계량한다.
오븐은 160℃로 예열한다.

1 포마드 상태의 버터에 설탕을 3번에 나누어 넣으면서 하얗게 될 때까지 핸드믹서로 휘핑한다.
2 ①에 꿀을 넣고 가볍게 섞는다.
3 ②에 피스타치오 페이스트를 넣고 섞는다.
4 ③에 달걀과 노른자를 5번에 나누어 넣으면서 핸드믹서로 잘 섞는다.
5 ④에 체 친 가루류를 넣고 주걱으로 자르듯이 섞는다.
6 날가루가 보이지 않게 섞이면 핵과류 리큐르를 넣어 반죽을 완성한다.
7 반죽을 짤주머니에 담아 팬닝하기 쉽도록 준비한다.
8 파운드 틀에 반죽 80g을 평평하게 짜고 당절임 체리를 가운데 한 줄 올린다.
9 체리를 덮듯이 다시 반죽 80g을 짜고 160℃ 오븐에서 23분 동안 굽는다.

[TIP]

1
파운드케이크 만들기의 중요 포인트는 버터의 상태입니다. 실온의 부드러운 버터, 즉 포마드 상태의
버터는 크림성이라고하는 공기가 포집되는 특징을 발휘하는데, 이 상태를 잘 확인하고 크림화를
진행해야 합니다. 반죽을 만들 때 온도 변화로 인해 버터가 너무 부드러워지거나 단단해지면
공기 포집이 잘 되지 않을 수 있고 최종 반죽이 분리될 수도 있기 때문에 버터의 상태를 유지해 주는
것이 중요합니다. 상황에 따라 찬물, 따뜻한 물을 받쳐가며 버터의 상태를 유지해 줍니다.

2
아마레토(Amaretto)는 살구씨, 복숭아씨, 아몬드 등 핵과류 씨앗을 주원료로 하는 이탈리아의
증류주입니다.

B-4

Ⓑ

피스타치오 가나슈
완성 약 155g(개당 37g 사용)

생크림 20g, 물엿 15g
화이트초콜릿(발로나 오팔리스) 80g
피스타치오 페이스트 16g, 버터 24g

1 냄비에 생크림과 물엿을 함께 계량한 다음
  불에 올려 끓기 전까지 가열한다.
2 화이트초콜릿에 ①을 넣고 핸드블렌더로
  유화시킨다.
3 ②에 피스타치오 페이스트, 버터를 넣고
  핸드블렌더로 섞은 다음 냉장고에서 굳힌다.
4 굳은 가나슈를 주걱으로 살짝 풀어 지름 1㎝
  원형 모양깍지를 넣은 짤주머니에 채운다.

Ⓒ

초콜릿 글레이즈 한 번에 만들기 쉬운 분량

화이트초콜릿 450g
(발로나 오팔리스)
카놀라유 120g
초콜릿용 색소(녹색) 약간

1 녹인 화이트초콜릿에 카놀라유를 넣고 핸드블렌더로 유화시킨다.
2 초콜릿용 녹색 색소를 넣고 핸드블렌더로 잘 섞는다.
3 상온에 두고 25℃에서 사용한다.

D-1

D-2

Ⓓ

완성

건소 제리 슬라이스 약간

1 A(제리 피스타치오 파운드케이크) 윗면에 B(피스타치오 가나슈)를 모양내어 짠 다음
냉동고에 30분 이상 둔다.

2 표면이 차가워진 A(체리 피스타치오 파운드케이크) 위에
25℃ 정도의 C(초콜릿 글레이즈)를 씌운다.

3 C(초콜릿 글레이즈)가 굳기 전에 건조 체리 슬라이스로 장식한다.

[TIP]

구워 낸 파운드케이크는 냉동 가능하며 밀폐용기에 담아 두었다가 필요할 때 꺼내어
글레이즈를 씌운 다음 해동해 사용합니다.

HAPPYHAPPY FORÊT NOIRE

해피해피 포레누아

지름 7.5cm 프티 가토 6개 분량

[만드는 순서 & 구성]

| B | 냉동고에서 굳히기 | A | 식히기 | C | E | D | B | 완성 |

B 초콜릿 라이트 무스

냉동고에서 굳히기

A 초콜릿 테린
중탕 굽기(140℃ 오븐에서 10분, 110℃ 오븐에서 25분)

식히기

C 스트로이젤

E 체리 콩피튀르

D 마이크로웨이브 스펀지

B 초콜릿 라이트 무스
미루아르 씌우기

완성

해피해피케이크에서 오랫동안 인기를 끌고 있는 디저트 중 말차를 이용해 만든 '말차정원'이라는 케이크가 있는데요, 테린과 무스의 조합으로 말차의 맛을 진하고 묵직하게 전달하는 제품이에요. 이번 레시피에서는 이 콘셉트를 그대로 사용하되 말차 대신 체리와 다크초콜릿으로 검은숲이라는 의미의 '포레누아'를 표현해 보았습니다. 초콜릿 테린과 체리 콩피튀르, 초콜릿 무스로 이루어진 해피해피케이크의 포레누아입니다.

A-2   A-3   A-4

Ⓐ

초콜릿 테린 완성 450g(개당 50g 사용, 지름 7.5cm, 높이 2cm 타르트 링 9개 분량)

READY

다크초콜릿A **100g**
(발로나 만자리 64%)

다크초콜릿B **45g**
(발로나 에콰토리얼 누아 55%)

버터 **90g**

달걀 **140g**

생크림 **60g**

사워크림 **30g**

다크초콜릿 2종, 버터는 녹인다 · 달걀은 40℃로 준비한다.
나머지 재료는 실온 상태로 준비한다 · 물을 담을 수 있는 높이 있는 철판에 행주를 깔아 준비한다.
타르트 링 바닥에 쿠킹 포일을 씌워 둔다.

1 녹인 두 종류의 초콜릿과 버터를 잘 섞는다.

2 ①에 40℃의 달걀을 조금씩 넣으면서 핸드블렌더로 섞는다.

3 ②에 생크림, 사워크림을 조금씩 넣으면서 핸드블렌더로
  완벽하게 섞는다.

4 준비한 틀에 반죽을 50g씩 담고 행주를 깐 철판 위에 올린
  다음 철판에 높이 1cm 정도의 따뜻한 물을 채운다.

5 140℃ 오븐에서 10분, 포일을 덮은 다음 오븐문을 열고 2분,
  110℃ 오븐에서 23분 동안 중탕으로 굽는다.
  굽는 도중 중탕물이 부족해지면 끓는 물을 보충한다.

6 구운 반죽을 식힘망에 틀째로 올려 식히고 완전히 식으면
  포일과 틀을 제거한다. 완성된 테린은 밀폐용기에 담아
  냉동고에 보관할 수 있다.

[TIP]

1
테린의 완벽한 텍스처를 위해서는 반죽을
만들 때 분리되지 않도록 잘 유화시키고 반죽에
공기가 들어가지 않도록 하는 것이 좋습니다.
주걱이나 거품기로 저어서 섞는 것 보다
핸드블렌더로 갈아서 완성하는 것이 좋습니다.

2
테린이 잘 구워졌는지 확인하려면
살짝 굳은 표면의 상태를 봐야 하는데
여러 번 구워보면서 적당한 굽기를
가늠하는 것이 좋습니다.

B-3

B-5

(B)

초콜릿 라이트 무스 완성 약 240g(개당 40g 사용, 파보니 PX078 몰드 6개 분량)

READY

우유 **55g**

젤라틴매스 **5.4g**

디크초콜릿 **76g**
(발로나 에콰토리얼 누아 55%)

생크림 **110g**

체리 리큐르(키르슈) **6g**

당절임 체리 **6개**
(아마레나 체리 통조림)

다크초콜릿은 반 정도 녹인다.

젤라틴매스(젤라틴 0.9g + 물 4.5g)를 준비한다(p.16 젤라틴매스 참조).

생크림은 체리 리큐르를 넣이 70%까지 휘핑한다(μ.10 생크림 참조).

당절임 체리는 8등분한다.

1 젤라틴매스를 넣은 우유를 끓기 전까지 가열해 젤라틴을 완전히 녹인다.

2 녹인 다크초콜릿에 ①을 넣고 잘 섞어 유화시킨다.

3 ②의 온도를 25~30℃ 정도로 맞춘 다음 휘핑한 생크림을 섞어 무스를 완성한다.

4 짤주머니에 담아 몰드에 채우고 당절임 체리 조각을 조금씩 올린다.

5 표면을 평평하게 고르고 냉동고에서 굳힌다.

C-2

D-2

Ⓒ

스트로이젤 한 번에 만들기 쉬운 분량

READY

버터 50g, 설탕 35g
박력분 45g
코코아파우더(발로나) 15g
아몬드파우더 40g

오븐은 170℃로 예열한다.

1 모든 재료를 푸드프로세서에 넣고 작은 소보로 상태로 만든다.
2 테프론 시트를 깐 철판 위에 고루 펴고 170℃ 오븐에서 12분 동안 굽는다.

D-3 D-4 D-5

Ⓓ

마이크로웨이브 스펀지 한 번에 만들기 쉬운 분량

READY

흰자	175g
노른자	120g
설탕	100g
박력분	25g
아몬드파우더	80g
코코아파우더(발로나)	10g

가루류(박력분, 아몬드파우더, 코코아파우더)를 함께 체 친다.
종이컵 바닥을 칼로 조금 뚫어둔다.

1 볼에 흰자, 노른자, 설탕을 넣고 잘 섞는다.
2 ①에 가루류를 넣고 핸드블렌더로 잘 섞는다.
3 반죽을 체에 내리고 가스휘핑기에 담는다.
4 휘핑가스를 충전하고 준비한 종이컵에 반죽을 1/3 정도씩 채운 다음 전자레인지에 1분 동안 돌린다.
5 식으면 송이컵을 제거하고 석낭한 크기로 살라 사봉한다.

[TIP]

1
가스휘핑기는 반죽에 공기가 빠르게 포집되어 나오는 형태이기 때문에 종이컵에 담아 두면
포집된 공기가 점점 꺼질 수 있습니다. 전자레인지에 한 번에 돌릴 분량씩(종이컵 4~5개 정도)
종이컵에 짜서 익히는 것이 좋은 상태의 스펀지를 만들 수 있는 포인트입니다.

2
2021년부터 가스휘핑기의 이산화질소 키트리지 사용이 규제되어 마이크로웨이브 스펀지 제작 시
휘핑기를 사용할 때는 2.5l 이상 고압용기에 충전된 이산화질소를 사용해야 합니다.

E-4

G-1

Ⓔ

체리 콩피튀르 완성 약 6개 분량(개당 15g 사용)

R E A D Y

_____

체리 퓌레 **70g**

블랙커런트 퓌레 **10g**

체리 **50g**

설탕 **12g**

NH 펙틴(소사) **2.5g**

레몬즙 **1g**

설탕과 NH 펙틴은 함께 계량한다.

체리는 씨를 제거하고 작게 조각내어 50g 준비한다.

1 체리 퓌레, 블랙커런트 퓌레, 체리를 45℃ 정도까지 데운다.

2 설탕과 NH 펙틴을 넣고 거품기로 잘 저으면서 가열한다.

3 점도가 생길 때까지 가열한 다음 레몬즙을 넣고 냉장고에서 식힌다.

4 식으면 잘 풀어 짤주머니에 담는다.

[TIP]

펙틴은 식물의 세포막을 구성하는 성분으로 과일 껍질이나 과육에 많이 포함되어 있습니다.
NH 펙틴은 산도 pH 3.5~3.7, 설탕 40% 이상의 조건에서 응고되며 과일 재료에 가장 적합한
펙틴으로 과일 베이스의 나파주나 필링, 저당용 잼에 사용할 수 있습니다.

G-2

G-4

Ⓕ
초콜릿 장식물

READY

다크초콜릿은 템퍼링한다(p.18 초콜릿 템퍼링 참조).

고고이피우디 약간
다크초콜릿(발로나 만자리 64%) **500g**

1 투명 필름 위에 코코아파우더를 부분적으로 조금씩 뿌린다.
2 템퍼링한 다크초콜릿을 필름 위에 얇게 편다.
3 초콜릿의 표면이 살짝 굳으면 필름은 잘리지 않도록 조심하면서
  칼 등을 이용해서 24.5×3.5㎝ 크기의 직사각형으로 재단한다.
4 윗면에 유산지를 얹고 지름 7.5㎝ 파이프에 말아서 고정한다.
5 냉장고에 잠시 굳힌 다음 필름을 세서낸다.

Ⓖ
완성

체리 **9개**, 미루아르 **적당량**

1 A(초콜릿 테린) 위에 E(체리 콩피튀르)를 15g씩 평평하게 짠다.
2 B(초콜릿 라이트 무스)에 25℃ 투명 미루아르를 씌운다.
3 ②를 ① 위에 얹는다.
4 F(초콜릿 장식물)를 두르고 체리, D(마이크로웨이브 스펀지),
  C(스트로이젤)를 올려 완성한다.

CHERRY ALMOND DACQUOISE

체리 아몬드 다쿠아즈

가로 13cm 세로 3.5cm 모양 틀 6개 분량

[만드는 순서 & 구성]

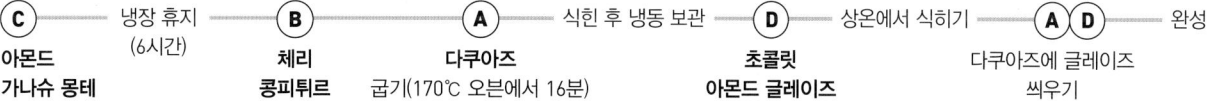

Ⓒ	냉장 휴지 (6시간)	Ⓑ		Ⓐ	식힌 후 냉동 보관	Ⓓ	상온에서 식히기	ⒶⒹ	완성
아몬드 가나슈 몽테		체리 콩피튀르		다쿠아즈 굽기(170℃ 오븐에서 16분)		초콜릿 아몬드 글레이즈		다쿠아즈에 글레이즈 씌우기	

다쿠아즈, 초콜릿 글레이즈, 가나슈 몽테, 생과일로 구성된 퀵 프티 가토를 소개합니다. 비교적 간단한 형태의 과자이지만 서로 잘 어울리는 맛을 꽉 차게 조합해 완성도 높은 제품으로 만들었습니다. 이 레시피에서는 체리와 아몬드를 사용하여 체리 특유의 개성을 돋보이게 하면서도 누구나 좋아할 만한 케이크를 만드는 데 중점을 뒀습니다.

A-1

A-2

A-3

A-4

A-5

B-4

A

다쿠아즈 가로 13㎝ 세로 3.5㎝ 모양 틀 6개 분량

READY

흰자 60g
설탕 23g
난백파우더 1g
(소사 알부미나)
아몬드파우더 44g
슈거파우더 19g
박력분 15g

찬물과 모양 틀을 준비한다.
흰자는 냉장 상태로 차갑게 준비한다.
설탕과 난백파우더는 잘 섞는다.
가루류(아몬드파우더, 슈거파우더, 박력분)는 함께 체 친다.
오븐은 170℃로 예열한다.

1 흰자에 함께 섞은 설탕과 난백파우더를 3번에 나누어 넣으면서 단단한 머랭을 만든다
(p.12 기본 머랭 참조).
2 ①에 체 친 가루류를 한꺼번에 넣고 주걱으로 자르듯이 섞는다.
3 준비한 모양 틀을 찬물에 담갔다가 빼내 물을 털어 낸 다음
테프론 시트 위에 올리고 ②의 반죽을 채운다.
4 윗면을 평평하게 고르고 틀을 제거한다. 이 과정을 반복해 6개를 완성한다.
5 반죽 윗면에 슈거파우더(분량 외)를 뿌리고 170℃ 오븐에서 16분 동안 굽는다.
6 다쿠아즈가 식으면 냉동고에 1시간 이상 냉동한다.

[TIP]

난백파우더는 머랭에 안정성을 더하기 위해 사용합니다. 이 레시피의 경우 당도 조절을 위해 머랭의
설탕량을 줄였기 때문에 완성된 머랭의 안정성이 다소 떨어질 수 있으므로 난백파우더로 보완했습니다.
난백파우더는 설탕과 미리 섞어 두고 사용해야 나머지 재료에 잘 퍼져 따로 굳는 것을 방지할 수 있습니다.

B

체리 콩피튀르 완성 약 170g(개당 약 10g 사용)

READY

체리 퓌레 160g
냉동 모렐로체리(브와롱) 90g
설탕 24g
NH 펙틴(소사) 5g
레몬즙 10g

설탕과 NH 펙틴은 함께 계량한다.

1 체리 퓌레, 냉동 체리를 함께 가볍게 갈아준 다음 45℃ 정도까지 데운다.
2 설탕과 NH 펙틴을 넣고 거품기로 잘 저으면서 가열한다.
3 점도가 생길 때까지 끓인 다음 레몬즙을 넣고 냉장고에서 식힌다.
4 완전히 식으면 잘 풀어서 짤주머니에 담는다.

C-3-1

C-3-2

C-4

ⓒ

아몬드 가나슈 몽테 완성 약 340g(개당 약 30g 사용, 한 번에 만들기 쉬운 분량)

READY

생크림A 54g

젤라틴매스 9g

화이트초콜릿 54g
(발로나 오팔리스)

마지팬 40g

생크림B 180g

핵과류 리큐르(아마레토) 4g

젤라틴매스(젤라틴 1.5g + 물 7.5g)를 준비한다(p.16 젤라틴매스 참조).
화이트초콜릿은 녹인다.

1 생크림A를 데우고 젤라틴매스를 넣어 녹인다.
2 녹인 화이트초콜릿에 ①을 넣고 핸드블렌더로 유화시킨다.
3 ②에 마지팬, 생크림B, 핵과류 리큐르를 넣고 핸드블렌더로 갈아서 완벽하게 유화시킨다.
4 6시간 이상 냉장고에서 휴지시켜 휘핑한 다음 지름 1.5㎝ 원형 모양깍지에 넣은 짤주머니에 담는다.

[TIP]

1
아마레토(Amaretto)는 살구씨, 복숭아씨, 아몬드 등 핵과류 씨앗을 주원료로 하는 이탈리아의 증류주입니다.
특유의 달콤한 맛과 아몬드 향이 강해 호불호가 갈리지만 체리 디저트의 풍미를 한층 높여줍니다.

2
가나슈 몽테는 냉장 휴지가 부족할 경우 좋은 텍스처로 완성되지 않을 수 있습니다.
최소 6시간 이상 냉장 휴지해야 하므로 하루 전 준비해두고 케이크 완성 계획을 짜는 것이 좋습니다.

Ⓓ

초콜릿 아몬드 글레이즈 완성 약 230g(한 번에 만들기 쉬운 분량)

READY

화이트초콜릿 **150g**
(발로나 오팔리스)

카놀라유 **40g**

아몬드분태 **40g**

아몬드분태는 170℃ 오븐에서 8분 정도 구워 둔다.

1 화이트초콜릿을 잘 녹인 다음 카놀라유를 넣고 핸드블렌더로 잘 유화시킨다.
2 ①에 구운 아몬드분태를 넣어 섞는다.
3 상온에 두고 25℃에서 사용한다.

Ⓔ

완성

체리 **15개**

건조 체리 **약간**

아몬드 슬라이스 **약간**

1 냉동 상태의 A(다쿠아즈)에 D(초콜릿 아몬드 글레이즈)를 씌운다.
2 ①에 B(아몬드 가나슈 몽테)를 개당 약 30g씩 짠다. 이때 사진과 같이
  크기를 작고 크게 번갈아 짜서 체리를 올릴 수 있는 공간을 만든다.
3 C(체리 콩피튀르)를 개당 약 10g이 되게 군데군데 짜서 올린다.
4 체리와 건조 체리, 아몬드 슬라이스를 얹어 마무리한다.

CHERRY TONKA BEAN TART

체리 통카빈 타르트

지름 7.5㎝ 원형 프티 가토 약 12개 분량

[만드는 순서 & 구성]

B ── 식히기 ──── **A** ── 냉장고에서 ──── **C** ── 냉장 휴지 ──── **D** ── 냉동고에서 ──── **E** ── 완성
굳히기 (6시간) 굳히기

스트로이젤 **크루스티앙** **화이트** **통카빈 무스** **체리**
굽기(170℃ 오븐에서 12분) **가나슈 몽테** **콩피튀르**

해피해피케이크에서는 생과일의 맛을 잘 활용한 디저트 콘셉트의 케이크를 선호하는데요, 특히 생체리는 그대로 먹었을 때 가장 맛있는 과일이기도 해서 이번 레시피에서도 무스케이크의 형태이지만 생과일 체리가 가지고 있는 식감, 맛의 조화로움에 중점을 뒀습니다. 생체리, 가볍게 부스러지는 크루스티앙, 부드러운 통카빈 무스, 체리의 맛을 더해 줄 콩피튀르까지 한 번에 맛있게 드시면 좋겠습니다.

A-2

A-3   B-2

(A) 크루스티앙 완성 약 360g(개당 30g 사용)

READY

버터와 화이트초콜릿은 각각 녹인다.
B(스트로이젤)를 완성한다.

파이테 푀이틴(발로나 에클라도르) 160g
B(스트로이젤) 64g
화이트초콜릿(발로나 오팔리스) 116g, 버터 22g

1 큰 볼에 파이테 푀이틴과 B(스트로이젤)를 넣고 섞는다.
2 ①에 녹인 화이트초콜릿, 녹인 버터를 넣어 골고루 섞는다.
3 지름 7.5cm 타르트 링에 ②를 30g 채우고 스푼 등을
   이용해 가운데가 오목한 모양으로 만든다.
4 틀을 제거하고 냉장고에 굳혀 형태를 고정한다.

(B) 스트로이젤 완성 약 170g(한 번에 만들기 쉬운 분량)

READY

모든 재료는 냉장 보관하여 차가운 상태로 준비한다.

버터 50g, 설탕 35g, 박력분 50g
아몬드파우더 50g

1 모든 재료를 푸드프로세서에 넣고 작은 소보로 상태로 만든다.
2 테프론 시트를 깐 철판 위에 고루 펴고 170℃ 오븐에서
   12분 동안 굽는다

[TIP]

구운 스트로이젤은 냉동해 두었다가 필요할 때 꺼내 사용 가능합니다.
남은 스트로이젤은 밀폐용기에 담아 냉동 보관하고 15일 이내에
사용합니다.

C-3

C-4

Ⓒ

화이트 가나슈 몽테 완성 약 225g(개당 15g 사용)

READY

생크림A **26g**

트리몰린 **14g**

통카빈 **0.5g**

젤라틴매스 **9g**

화이트초콜릿 **77g**
(발로나 오팔리스)

생크림B **136g**

젤라틴매스(젤라틴 1.5g + 물 7.5g)를 준비한다(p.16 젤라틴매스 참조).

1 생크림A, 트리몰린, 통카빈, 젤라틴매스를 끓기 전까지 가열한다.

2 화이트초콜릿에 ①을 부어 유화시킨다.

3 ②가 잘 섞이면 생크림B를 넣고 핸드블렌더로 유화시켜 완성한다.

4 하룻밤에서 최소 6시간 이상 냉장고에서 휴지시켜 휘핑한 다음
   지름 1.2cm 원형 모양깍지에 넣은 짤주머니에 담는다

Ⓓ

통카빈 무스 완성 약 240g(개당 10g 사용, 실리코마트 SF005 몰드 24개 분량)

READY

우유 73g
통카빈 0.9g
노른자 18g
설탕 23g
젤라틴매스 15.6g
생크림 137g
마스카르포네치즈 16g

젤라틴매스(젤라틴 2.6g + 물 13g)를 준비한다(p.16 젤라틴매스 참조).
생크림은 마스카르포네치즈와 함께 70% 휘핑한다(p.10 생크림 참조).

1 우유에 통카빈을 넣고 끓기 전까지 데운다.
2 볼에 노른자, 설탕을 넣고 뽀얗게 될 때까지 거품기로 섞는다.
3 ②에 ①을 조금씩 넣으면서 거품기로 잘 섞는다.
4 ③을 다시 냄비로 옮겨 점도가 생길 때까지 바닥을 잘 저어주면서 84℃까지 가열한다.
5 84℃ 정도가 되면 불에서 내려 20~25℃로 식힌 뒤 젤라틴매스를 넣어 녹인다.
6 ⑤에 휘핑한 생크림과 마스카르포네치즈를 넣고 섞어 무스를 완성한다.
7 완성된 무스를 몰드에 짜고 표면을 평평하게 정리한 다음 냉동고에서 굳힌다.

E-4

F-1

Ⓔ

체리 콩피튀르 완성 약 170g(개당 약 14g 사용)

READY

설탕과 NH 펙틴은 함께 계량한다.

체리 퓌레	160g
냉동 모렐로체리(브와롱)	90g
설탕	24g
NH 펙틴(소사)	5g
레몬즙	10g

1 체리 퓌레, 냉동 체리를 함께 가볍게 갈아준 다음 45℃ 정도로 데운다.
2 설탕과 NH 펙틴을 넣고 거품기로 잘 저으면서 가열한다.
3 점도가 생길 때까지 가열한 다음 레몬즙을 넣고 냉장고에서 식힌다.
4 식으면 잘 풀어 짤주머니에 담는다.

F-4

(F)

완성

체리 36개	**1** A(크루스티앙) 위에 E(체리 콩피튀르)를 14g씩 짠다.
미루아르 **적당량**	**2** D(통카빈 무스) 위에 25℃의 미루아르를 부어 글레이즈를 씌운다.
건조 체리 **약간**	**3** ① 위에 ②를 올린다.
식용 금박 **약간**	**4** D(통카빈 무스) 주위에 C(화이트 가나슈 몽테)를 부분적으로 짜고 체리로 장식한다.
	5 건조 체리와 식용 금박으로 마무리한다.

CHERRY SORBET ADE

체리 소르베 에이드

400㎖ 음료컵 약 6잔 분량

[만드는 순서 & 구성]

B ──── 냉장 숙성 ──── **A** ──── 냉장 숙성 ──── 아이스크림 머신 작동 ──── 완성
(1일)   (6시간)

체리 에이드   **체리 베르가못 소르베**
베이스

생체리를 담은 에이드에 체리 베르가못 소르베를 얹었습니다. 에이드의 탄산이 가진 청량감에 소르베의 시원함까지 더해진 이 음료를 여름 메뉴로 적극 추천하는데요, 소르베와 에이드 베이스는 미리 만들어 보관해 두고 사용할 수 있기 때문에 의외로 손이 덜 간답니다. 회전이 빠른 음료 매장에서도 어렵지 않게 판매가 가능해요.

A-READY

A-2-1

A-2-2

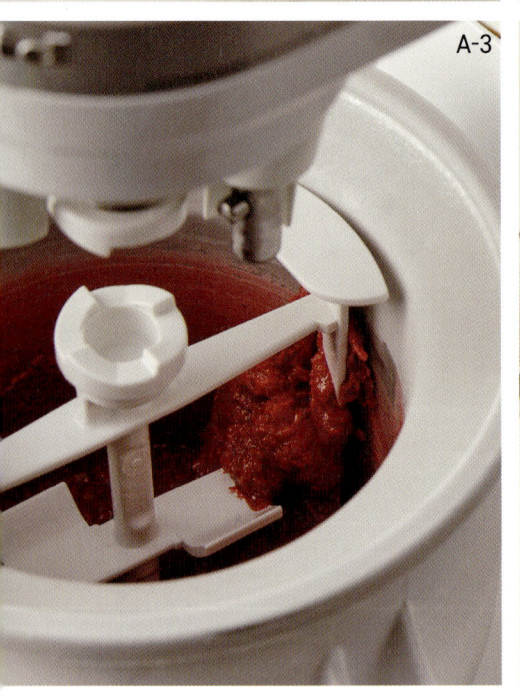

A-3

B-1

C-3

Ⓐ

체리 베르가못 소르베 완성 분량 약 6잔(컵당 70g 사용)

READY

물 108g

설탕 60g

물엿 27g

체리 퓌레 216g

베르가못 퓌레 24g

레몬즙 9g

아이스크림(소르베) 냉각용 용기를 냉동고에 얼려둔다.

1 물, 설탕, 물엿을 85℃까지 가열한 다음 20℃로 식힌다.

2 체리 퓌레, 베르가못 퓌레, 레몬즙에 ①을 넣고 핸드블렌더로 완벽하게 섞는다.

3 냉장고에서 6시간 숙성시킨 다음 아이스크림 머신에 넣어 소르베 형태로 완성한다.

4 완성된 소르베는 용기에 담아 냉동고에 보관한다.

[TIP]

완성된 소르베는 일주일 정도 냉동 보관 가능하고 필요 시 아이스크림 스쿱으로 떠서 사용합니다.

Ⓑ

체리 에이드 베이스 완성 분량 약 6잔 분량(컵당 87g 사용)

READY

체리 210g

냉동 모렐로체리 90g

설탕 120g

체리 퓌레 60g

체리 시럽 45g

체리는 씨를 제거하고 2등분 한 다음 210g 준비한다.

1 모든 재료를 섞어 냉장고에서 하룻밤 숙성시킨다.

2 설탕이 완전히 녹고 전체적으로 잘 섞이면 사용한다.

완성된 베이스는 일주일 정도 냉장고에 두고 사용할 수 있다.

Ⓒ

완성

체리 6개

레몬 슬라이스 6개

탄산수 720g

얼음 810g, 타임 약간

1 400㎖ 음료컵에 B(체리 에이드 베이스) 각각 87g을 담는다.

2 컵 옆면에 레몬 슬라이스를 붙인다.

3 얼음을 컵 가득(약 135g) 넣고 탄산수 120g씩을 붓는다.

4 아이스크림 스쿱으로 A(체리 베르가못 소르베) 70g씩을 떠서 얹고 체리, 타임 등으로 장식한다.

시 트 러 스 위 크

시트러스 과일은 특유의 산미와 상큼한 향이 매력적인 과일입니다. 유자와 귤, 한라봉, 금귤은 겨울에 수확하고 오렌지, 자몽, 레몬, 라임 등의 수입 과일은 사계절 내내 쉽게 구할 수 있지만 시원한 이미지의 시트러스 과일의 특성상 여름 디저트 재료로 쓰이는 경우가 많죠. 이 책에서는 다양한 시트러스 과일을 사용해서 디저트를 만들어 보려고 합니다. 각 과일의 개성을 살리면서도 어느 계절에나 잘 어울리는 재료를 조합하여 만든 디저트로 시트러스 과일의 매력을 한층 더 느껴보세요.

시트러스 과일이 맛있는 계절

디저트에 많이 사용하는 시트러스 과일 중 국내에서 재배하는 유자는 11~12월, 감귤은 10~1월, 한라봉은 12~4월, 금귤은 2~4월에 출하됩니다. 레몬, 라임, 오렌지, 자몽 등의 수입 과일은 당도와 품종의 차이는 있지만 거의 일년내내 나오기 때문에 수급은 원활한 편이에요.
최근에는 제주에서 수확하는 국산 레몬이 큰 인기인데요, 수입산 레몬에 비해 유통 기간이 매우 짧아 잔류 농약과 보존제 걱정이 없다고 합니다. 싱싱함은 기본이구요, 껍질째 사용하는 청이나 제스트로 활용하면 좋을 것 같아요.

시트러스 과일 보관 & 세척하기

종이나 키친타월에 싸서 비닐이나 지퍼백에 담은 다음 냉장고에 넣어 두면 수개월 간 보관도 가능합니다. 그래도 싱싱한 과일을 구입해서 신선할 때 사용하는 것이 제일 좋겠죠?
시트러스 과일은 특히 껍질을 많이 사용하기 때문에 세척이 중요한데요, 베이킹소다 또는 굵은 소금을 푼 물에 담갔다가 문지르면서 세척해 주세요. 끓는 물에 데치기도 하는데 색이 변할 수 있으니 재빨리 담갔다가 찬물에 헹궈 주도록 합니다.

시트러스 과일 응용하기

[**생과일**] 시트러스 과일은 보통 껍질은 제스트로, 과육은 속껍질을 제거해 사용합니다. 산미가 지나치게 강한 것은 생과 보다 제스트로 향을 내거나 디저트에 포인트로 사용해 주세요.

[**제스트**] 시트러스 과일의 껍질 중 향이 진하고 색이 있는 부분을 제스트라고 합니다. 껍질 안쪽의 흰 부분을 제거하고 얇게 저며낸 다음 가늘게 채 썰어 사용합니다. 레몬, 오렌지, 유자 등은 냉동 형태의 제스트가 시판되기 때문에 손쉽게 사용할 수 있습니다.

[**과일 퓌레, 농축액**] 우리나라에 수입되지 않는 시트러스 과일류의 퓌레는 냉동 퓌레로 사용할 수 있습니다. 시트리스 과일은 퓌레에 수분이 많으므로 진한 맛을 원할 때에는 농축액을 활용하는 것이 좋습니다.

시트러스 과일 선택하기

너무 딱딱한 것보다는 말랑한 것, 껍질은 상처 없이 깨끗하며 향이 풍부한 것을 고릅니다. 또한 들었을 때 무게감이 있는 것이 좋습니다.

시트러스 과일과 잘 어울리는 재료

민트, 로즈마리,
버베나 등의 허브, 꿀

[**리큐르, 시럽**] 레몬첼로, 쿠앵트로 등을 사용하거나 과일 향의 음료용 시럽을 조금 넣어 향을 더합니다.

EARL GREY KUMQUAT POUND CAKE

얼그레이 금귤 파운드케이크

미니 파운드 틀 4×9×5㎝ 4개 분량

[만드는 순서 & 구성]

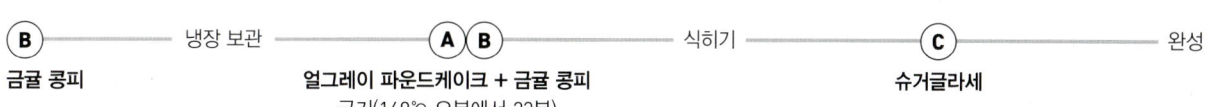

B ——— 냉장 보관 ——— **A** **B** ——— 식히기 ——— **C** ——— 완성

금귤 콩피   **얼그레이 파운드케이크 + 금귤 콩피**   **슈거글라세**
       굽기(160℃ 오븐에서 23분)

시트러스 과일 중 과즙에 비해 과육이 많은 금귤은 콩피 형태로 디저트에 활용하기 좋은데요, 생것 그대로는 부담스러울 정도로 산미가 강하지만 콩피로 만들면 적당한 당도와 진한 향으로 케이크에 자연스러운 맛과 향을 입히기 좋습니다. 해피해피케이크에서는 제철일 때 금귤 콩피를 만들어 두고 사용하고 있습니다. 이 레시피에서는 금귤 콩피를 활용하는 얼그레이 파운드케이크를 만들어 볼 예정입니다. 베르가못 향을 가진 얼그레이티는 시트러스 계열의 과일들과 함께 사용했을 때 디저트 안에서 자연스럽게 어우러지며 완벽하게 조화를 이룹니다.

A-1

A-3

A-6

A-8

얼그레이 파운드케이크 미니 파운드 틀 4×9×5㎝ 4개 분량

READY

가루류(박력분, 아몬드파우더, 베이킹파우더, 얼그레이파우더)는 함께 체 친다.
얼그레이 잎차를 블렌더로 곱게 갈아 파우더 형태로 준비한다.
틀에 종이 포일을 깔아 둔다.
버터는 포마드 상태로 준비한다.
모든 재료는 실온 상태로 준비한다.
달걀과 노른자는 함께 계량한다.
B(금귤 콩피)를 1/2등분한다.
오븐은 160℃로 예열한다.

버터	200g
설탕	80g
황설탕	26g
꿀	23g
달걀	60g
노른자	40g
박력분	150g
아몬드파우더	30g
베이킹파우더	4g
얼그레이파우더	12g
오렌지 제스트	12g
B(금귤 콩피)	80g

1 포마드 상태의 버터에 설탕과 황설탕을 3번에 나누어 넣으면서 핸드믹서로 휘핑한다.
2 ①에 꿀을 넣고 가볍게 섞는다.
3 ②에 달걀과 노른자를 5번에 나누어 넣으면서 핸드믹서로 잘 섞는다.
4 ③에 체 친 가루를 넣고 주걱으로 자르듯이 섞는다.
5 날가루가 보이지 않을 정도까지 섞으면 오렌지 제스트를 넣고 섞는다.
6 마지막으로 잘라 둔 금귤 B(금귤 콩피)를 넣고 마무리한다.
7 완성된 반죽은 짤주머니에 담아 팬닝하기 쉽도록 준비한다.
8 틀에 반죽 약 180g씩을 담고 160℃ 오븐에서 23분 동안 구운 다음 식힌다.

B-4

C-1

Ⓑ

금귤 콩피 2 : 1 : 1의 비율로 필요한 분량 만큼 만들어 사용

READY
___
금귤은 베이킹소다와 굵은 소금으로 세척한다.

데친 금귤 2   **1** 냄비에 세척한 금귤과 찬물(분량 외)을 담고 끓어오를 때까지 한 번 데친 다음 금귤을 건져 낸다.

물 1   **2** ①의 무게를 잰 다음 금귤 중량 절반의 물과 절반의 설탕을 함께 계량하여 냄비에 담고 가열한다.

설탕 1   **3** 시럽의 당도 기준 45브릭스(Brix)가 될 때까지 가열한다.

   4 식힌 다음 체에 받쳐 시럽을 내리고 과육을 사용한다.

[TIP]
완성된 금귤 콩피는 용기에 시럽과 함께 담아 냉장 보관하면 한 달 정도 사용할 수 있습니다.

C-2

D-1

Ⓒ

슈거글라세 파운드케이크 4개 분량

READY

슈거파우더는 체 친다.

슈거파우더 **200g**, 만다린 농축액(브와롱) **40g**
물 **적당량**

1 슈거파우더에 만다린 농축액과 물을 넣는다.
2 고루 잘 섞어서 슈거글라세를 완성한다.

[TIP]

슈기글리세를 만들 때 물의 양은 완성된 글라세의 농도를 보며 조절하여
사용합니다. 소량으로도 점도 차이가 크게 나기 때문에 조금씩 물을
더하면서 사진(C-2)과 같은 농도로 완성해 주세요.

Ⓓ

완성

B(금귤 콩피) 약 **4개**, 식용 금박

1 A(얼그레이 파운드케이크) 표면에 C(슈거글라세)를 붓으로 바른다.
2 160℃ 오븐에서 1분 정도 표면을 건조시킨디.
3 B(금귤 콩피)와 식용 금박을 올리고 마무리한다.

LEMON ROSEMARY TRAYBAKE CAKE

레몬 로즈마리 트레이케이크

18×18cm 케이크 틀 1개 분량

[만드는 순서 & 구성]

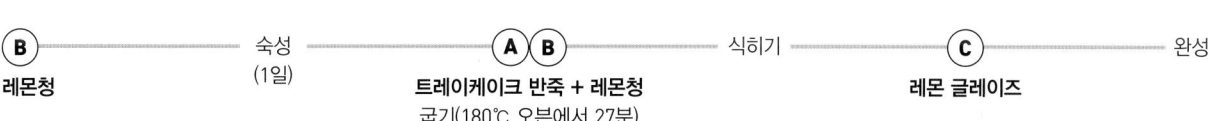

B	숙성	A B	식히기	C	완성
레몬청	(1일)	트레이케이크 반죽 + 레몬청		레몬 글레이즈	
		굽기(180℃ 오븐에서 27분)			

해피해피케이크의 수업에서 다루는 제품 중 카페 메뉴로 활용할 수 있는 제품들은 특히 인기가 있는데요, 팬에 넓게 펼쳐 굽는 방식의 트레이케이크가 대표적이죠. 한 번에 많은 양을 만들 수 있고 비교적 레시피의 응용이 자유롭기 때문이 아닐까 생각합니다. 이번 책에 서는 레몬과 로즈마리로 완성하는 트레이케이크 레시피를 소개할게요. 은은한 로즈마리 향이 향긋한 레몬 트레이케이크를 함께 만들어 보겠습니다.

A-1　A-3

A-5　A-6

트레이케이크 18㎝×18㎝ 케이크 틀 1개 분량

READY
___

가루류(박력분, 아몬드파우더, 베이킹파우더)는 함께 체 친다.
틀에 종이 포일을 깔고 준비한 B(레몬청)를 한 겹 깔아 둔다.
버터는 포마드 상태로 준비한다.
달걀과 노른자는 함께 계량한다.
모든 재료는 실온 상태로 준비한다.
레몬은 흰부분을 제외한 껍질만 제스터에 갈고 로즈마리는 다진다.
오븐은 180℃로 예열한다.

버터	120g
설탕	80g
트리몰린	16g
달걀	84g
박력분	84g
아몬드파우더	36g
베이킹파우더	1g
레몬 제스트	12g
로즈마리	0.9g

1 포마드 상태의 버터에 설탕을 3번에 나누어 넣으면서 핸드믹서로 휘핑한다.
2 ①에 트리몰린을 넣고 가볍게 섞는다.
3 ②에 달걀을 5번에 나누어 넣으면서 핸드믹서로 잘 섞는다.
4 ③에 체 친 가루류를 넣고 주걱으로 자르듯이 섞는다.
5 날가루가 보이지 않게 섞이면 레몬 제스트와 다진 로즈마리를 넣고 섞는다.
6 준비된 틀에 담고 평평하게 고른 다음 180℃ 오븐에서 27분 동안 굽는다.

B-2

C-1

Ⓑ

레몬청 케이크 약 2개 분량(한 번에 만들기 쉬운 분량)

READY

레몬은 베이킹소다와 굵은 소금으로 세척한다.

레몬 슬라이스 **306g**
(약 4개 분량)
설탕 **155g**
로즈마리 **2줄기**

1 세척한 레몬은 2㎜ 두께로 슬라이스한다.
2 깨끗한 용기를 준비하고 레몬과 설탕, 로즈마리를 켜켜이 담는다.
3 설탕이 녹을 때까지 상온에 두었다가 냉장고로 옮겨 하루 이상 숙성시켜 사용한다.

[TIP]

레몬청은 냉장 보관하고 3일 이내에 사용하도록 합니다.

D-1

D-2

Ⓒ

레몬 글레이즈 트레이케이크 1개 분량

미루아르 **40g**
레몬 농축액(브와롱) **3g**
레몬 리큐르(레몬첼로) **2g**

1 모든 재료를 잘 섞어서 글레이즈를 완성한다.

Ⓓ

완성

로즈마리 약간

1 완성된 A(트레이케이크)의 표면이 식으면 토치로 색을 낸다.
2 C(레몬 글레이즈)를 붓으로 바르고 로즈마리를 올려 마무리한다.

LIME&HONEY MACARON

라임&허니 마카롱

지름 약 4㎝ 마카롱 약 40개 분량

[만드는 순서 & 구성]

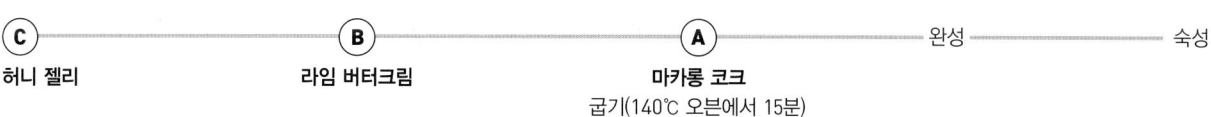

C 허니 젤리   **B** 라임 버터크림   **A** 마카롱 코크
굽기(140℃ 오븐에서 15분)   완성   숙성

처음 해피해피케이크를 시작했을 때 가장 집중해서 만들었던 제품이 마카롱입니다. 작고 동그란 디저트에 담긴 깊고 진한 맛이 꽤 매력적으로 느껴졌거든요. 여러 마카롱 중에서도 개인적으로는 강한 산미와 쌉싸래한 맛의 라임 마카롱을 가장 좋아했는데요, 여기에 꿀로 만든 젤리를 더해 레시피를 완성해 보았습니다. 작은 디저트가 만들어 내는 강한 감동을 함께 느껴 보시면 좋겠습니다.

Ⓐ

마카롱 코크 지름 약 4㎝ 마카롱 코크 약 80개 분량

READY

가루류(아몬드파우더, 슈거파우더)는 함께 체 친 다음 반으로 나눠
볼에 각각 담는다(두 가지 색의 코크 반죽을 만들기 위함).
지름 4㎝ 원형의 패턴 용지를 테프론 시트 아래에 깔아 준비한다.
오븐은 140℃로 예열한다.

1 가루류를 나눠 담은 볼에 흰자A를 각각 반씩(36g) 섞어 페이스트 상태로 만든다.
  반죽 하나에는 식용 색소를 넣어 색을 낸다.
2 믹서볼에 흰자B, 설탕A를 넣고 가볍게 휘핑한다.
3 냄비에 설탕B와 물을 담고 불에 올려 118℃까지 끓인다.
4 ②에 ③을 조금씩 넣으면서 고속으로 휘핑한다.
5 ④가 식을 때까지 단단하게 휘핑하면서 이탈리안 머랭을 완성한다
  (p.14 이탈리안 머랭 참조).
6 완성된 이탈리안 머랭을 반으로 나눠 ①의 페이스트와 각각 섞는다.
7 주걱을 이용해 반죽을 매끄럽게 흐르는 상태로 마카로나주한다.
8 1㎝ 원형 모양깍지를 넣은 짤주머니에 두 반죽을 각각 담고 지름 4㎝ 원형으로 짠다.
9 두 종류의 코크를 실온에서 30분 동안 건조시킨다.
  흰색 코크에는 데코용 슈거(분량 외)를 약간 뿌린다.
10 140℃에서 15분 동안 굽는다.

[TIP]

마카로나주(Macaronage)는 반죽을 주걱으로 누르듯이 섞어 거품을 꺼뜨리는 작업입니다.
마카로나주가 완료된 반죽은 질감이 부드럽고 표면이 매끄러우면서 윤기가 나야 합니다.
마카로나주를 할 때 양이 적을 경우에는 주걱, 양이 많을 경우에는 스크레이퍼를
사용하는 것이 편리합니다.

아몬드파우더 **200g**
슈거파우더 **200g**
흰자A **72g**
흰자B **72g**
설탕A **30g**
물 **50g**
설탕B **170g**
식용 색소(녹색) **약간**

B-4

B-5

(B)

라임 버터크림 마카롱 약 40개 분량

달걀 70g

설탕 70g

옥수수 전분 3g

라임 퓌레 65g

라임 제스트 7g

버터 105g

1 달걀에 설탕을 넣고 설탕이 녹아 뽀얗게 될 때까지 거품기로 섞는다.

2 ①에 옥수수 전분을 넣고 섞는다.

3 냄비에 라임 퓌레와 라임 제스트를 담고 끓기 전까지 데운 다음
②에 조금씩 넣으면서 거품기로 잘 섞는다.

4 ③을 다시 냄비로 옮겨 점도가 생길 때까지 가열하여 라임 커드를 완성한다.
완성된 커드는 체에 내린 후 식힌다.

5 버터를 포마드 상태로 풀고 ④의 레몬 커드를 조금씩 넣으면서 휘핑하여 라임 버터크림을 완성한다.

6 지름 0.8㎝ 원형 모양깍지를 넣은 짤주머니에 크림을 담아 둔다.

happy happy **cake**

142

ⓒ

허니 젤리 *마카롱 약 40개 분량*

꿀 **64g**
NH 펙틴(소사) **1.4g**

1 냄비에 꿀을 넣고 데운 다음 NH 펙틴을 넣고 한 번 끓어 오르면 불에서 내려 식힌다.
2 짤주머니에 담아 짜기 좋도록 준비한다.

ⓓ

완성

1 A(마카롱 코크)에 B(라임 버터크림)를 짠 다음 가운데 C(허니 젤리)를 짠다.
2 다른 색의 A(마카롱 코크)를 덮어 마카롱을 완성한다.

[TIP]
완성된 마카롱은 부드러운 식감을 위해 밀폐용기에 담아 냉장고에서 24시간 숙성시킵니다.

YUJA MONT-BLANC

유자 몽블랑

지름 약 7㎝ 몽블랑 약 6개 분량

[만드는 순서 & 구성]

A	식히기	D	C	B	완성
머랭		초콜릿 장식물	유자앙금 크림	허니 크렘 샹티이	
굽기(140℃ 오븐에서 60분)					

머랭, 크렘 샹티이, 밤 크림이 기본인 클래식 디저트 몽블랑을 유자와 백앙금으로 완성한 레시피입니다. 처음에는 생소한 재료들과의
조합이 낯설겠지만 맛을 보면 꽤 익숙하게 잘 어울린다는 걸 확인할 수 있을 거예요. 간단하지만 유자의 향긋함을 풍성하게 느낄 수 있고
부드러운 크림과 사각거리는 머랭의 식감을 함께 즐길 수 있는 해피해피만의 특별한 몽블랑입니다.

A-1-1

A-1-2

A-3

Ⓐ

머 랭 지름 4㎝ 머랭 약 15개 분량(한 번에 만들기 쉬운 분량)

R E A D Y

오븐은 140℃로 예열한다.

흰자 **38g**
설탕 **48g**

1 흰자에 설탕을 여러 번에 나누어 넣으면서 핸드믹서로 휘핑하여
　단단한 머랭을 완성한다(p.12 기본 머랭 참조).
2 지름 1㎝ 원형 모양깍지를 넣은 짤주머니에 머랭 반죽을 담는다.
3 테프론 시트를 깐 철판에 지름 4㎝ 정도의 원형으로 둥글게 짠다.
4 140℃ 오븐에서 60분 동안 굽고 제습제를 넣은 밀폐용기에 넣어 보관한다.

A-4

B-1

[TIP]

1
이 머랭은 흰자에 비해 설탕양이 많기 때문에
머랭을 단단하게 올리기 어렵고 시간도 오래 걸립니다.
설탕 48g 중 약 20g의 설탕을 먼저 넣고 꽤 단단한 머랭을
완성한 다음 나머지 설탕을 조금씩 넣으면서 휘핑해야
설탕도 완전히 녹일 수 있고 시간도 단축됩니다.
설탕이 모두 녹을 때까지 충분히 휘핑해 주세요.
휘핑이 완료된 시점에 녹지 않은 설탕이 남아 있다면
머랭이 가라앉아 단면에 큰 구멍이 생길 수 있습니다.

2
구운 머랭은 밀폐용기에 담아
상온에서 일주일 정도 두고 사용할 수 있습니다.

Ⓑ

허니 크렘 샹티이

완성 약 110g(개당 약 10g 사용, 한 번에 만들기 쉬운 분량)

생크림 **100g**
마스카르포네치즈 **8g**
아카시아꿀 **8g**

1 볼에 모든 재료를 넣고 단단하게 휘핑해 크림을 완성한 다음
  원형 1㎝ 모양깍지를 넣은 짤주머니에 담아 둔다
  (p.10 생크림 참조).

C-2

D-1

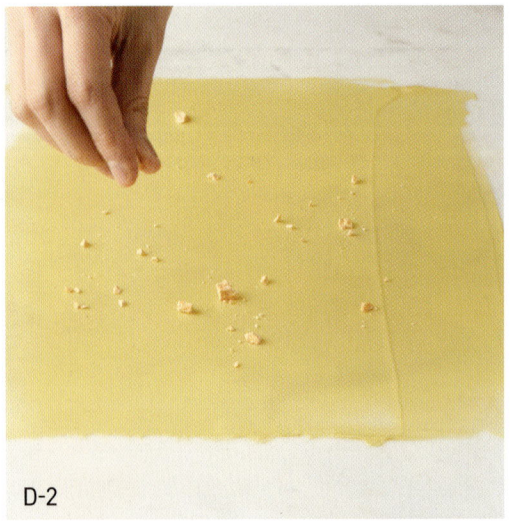

D-2

E-1

E-2

C

유자앙금 크림 약 6개 분량(개당 약 50g 사용)

READY

고운앙금 265g
유자청액 31g
유자 제스트 6g

유자청은 시판 유자청을 블렌더로 곱게 갈아서 체에 내린 다음
액상 부분만 준비한다.
유자는 흰 부분을 제외한 껍질만 제스터에 갈거나 시판 냉동 유자 제스트를 준비한다.

1 고운앙금을 부드럽게 푼다.
2 ①에 유자청액, 유자 제스트를 섞어 유자앙금 크림을 완성한다.
3 몽블랑 모양깍지를 넣은 짤주머니에 담아 준비한다.

D

초콜릿 장식물

READY

유자초콜릿 300g
(발로나 유자인스피레이션)
건조 패션프루츠 약간

유자초콜릿은 템퍼링한다(p.18 초콜릿 템퍼링 참조).

1 템퍼링한 초콜릿을 PE 필름 위에 얇게 펼친다.
2 초콜릿 표면에 건조 패션프루츠를 뿌리고 그대로 굳힌다.
3 필름을 제거하고 ②를 적당한 크기로 잘라 장식으로 사용한다.

E

완성

READY

파트 아 글라세 화이트
적당량

파트 아 글라세 화이트를 녹인다.

1 A(머랭)에 파트 아 글라세 화이트 입혀 굳힌다.
2 ① 위에 B(허니 크렘 샹티이)를 고깔 모양으로 짠다.
3 ② 둘레에 C(유자앙금 크림)를 감싸듯이 짜고 D(초콜릿 장식물)를 붙여 완성한다.

YUJA MILLE-FEUILLE

유자 밀푀유

12×3.5×5㎝ 크기의 프티 가토 약 12개 분량

[만드는 순서 & 구성]

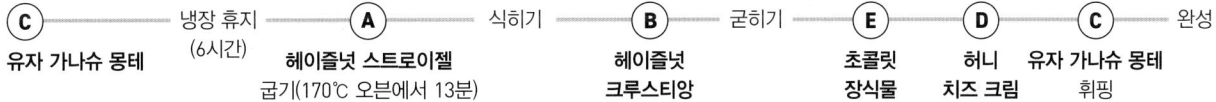

C	냉장 휴지	A	식히기	B	굳히기	E	D	C	완성
유자 가나슈 몽테	(6시간)	헤이즐넛 스트로이젤 굽기(170℃ 오븐에서 13분)		헤이즐넛 크루스티앙		초콜릿 장식물	허니 치즈 크림	유자 가나슈 몽테 휘핑	

발로나초콜릿과 콜라보로 진행했던 행사에서 툴라칼럼이라는 초콜릿으로 초콜릿 밀푀유를 만들었던 적이 있었습니다. 다른 커버추어에 비해 단독으로의 존재감이 강해서 다른 맛을 더하거나 부드럽게 표현하는 것보다 초콜릿 그대로의 맛을 강조하기 위해 초콜릿을 얇게 쌓아올려 마치 밀푀유처럼 가볍게 부서지는 레이어를 표현했었죠. 이번에는 유자 초콜릿을 응용해서 밀푀유를 만들어 보았습니다. 진한 유자 맛과 향을 담고 있는 초콜릿에 두 가지 크림을 더해 상큼한 유자의 매력과 경쾌함을 느낄 수 있도록 했습니다.

A-3 B-2

C-2

C-4

(A) 헤이즐넛 스트로이젤 완성 약 310g(한 번에 만들기 쉬운 분량)

READY

버터 100g
설탕 65g
박력분 90g
헤이즐넛파우더 82g
헤이즐넛분태 32g

헤이즐넛분태를 제외한 모든 재료는 함께 계량, 냉장 보관하여 차가운 상태로 준비한다.
오븐은 170℃로 예열한다.

1 헤이즐넛분태를 제외한 모든 재료를 푸드프로세서에 넣고 소보로 상태로 만든다.
2 ①에 헤이즐넛분태를 넣고 가볍게 섞어 스트로이젤 반죽을 완성한다.
3 테프론 시트를 깐 철판 위에 고루 펴고 170℃ 오븐에서 13분 동안 굽는다.

(B) 헤이즐넛 크루스티앙 12개 분량(개당 약 9g 사용)

A(헤이즐넛 스트로이젤) 35g
파이테 푀이틴(발로나 에클라도르) 32g
화이트초콜릿(발로나 오팔리스) 49g

1 화이트초콜릿을 40℃로 녹인 다음 A(헤이즐넛 스트로이젤)와 파이테 푀이틴을 섞는다.
2 테프론 시트를 깐 철판 위에 펼쳐 굳힌다.

(C) 유자 가나슈 몽테 12개 분량(개당 약 24g 사용)

READY

생크림A 57g
젤라틴매스 10.2g
유자초콜릿 80g
(발로나 유자인스피레이션)
생크림B 125g
유자 제스트 20g

젤라틴매스(젤라틴 1.7g + 물 8.5g)를 준비한다(p.16 젤라틴매스 참조).
유자초콜릿은 녹인다.
유자는 흰부분을 제외한 껍질만 제스터에 간다.

1 생크림A를 데운 다음 젤라틴매스를 넣어 녹인다.
2 녹인 유자초콜릿에 ①을 넣고 잘 유화시킨다.
3 ②에 생크림B, 유자 제스트를 넣고 핸드블렌더로 완벽하게 유화시킨다.
4 6시간 이상 냉장고에서 휴지한 다음 휘핑한다.
5 지름 0.8㎝ 원형 모양깍지를 넣은 짤주머니에 담는다.

D-2

E-2

E-3

Ⓓ
허니 치즈 크림 완성 약 12개 분량(개당 약 32g 사용)

크림치즈 337g
사워크림 24g, 꿀 37g

1 크림치즈를 부드럽게 푼다.
2 ①에 사워크림, 꿀을 넣고 주걱으로 섞어 크림을 완성한다.
3 지름 0.8㎝ 원형 모양깍지를 넣은 짤주머니에 담는다.

Ⓔ
초콜릿 장식물

R E A D Y

유자초콜릿은 템퍼링한다(p.18 초콜릿 템퍼링 참조).

유자초콜릿 300g
(발로나 유자인스피레이션)

1 템퍼링한 유자초콜릿을 PE 필름 위에 얇게 펼친다.
2 초콜릿 표면이 굳기 시작하면 3.5㎝ 간격으로 칼선을 긋는다.
3 완전히 굳기 전에 종이를 덮어 원기둥 형태의 몰드에 감아
  초콜릿 장식물의 모양을 잡는다.
4 굳으면 필름을 제거하고 적당한 길이(약 12㎝)로 자른다.

F-1

F-2

(F)

완성

식용 금박 **약간**

1 D(허니 치즈 크림)를 2줄(약 8g) 짜고 그 위에 E(초콜릿 장식물)를 얹는다.

2 ① 위에 C(유자 가나슈 몽테)를 2줄(약 8g) 짜고 B(헤이즐넛 크루스티앙)를 약 3g 뿌린다.

3 E(초콜릿 장식물)를 얹은 다음 ①과 ②를 2번 더 반복한다.

4 ③에 E(초콜릿 장식물)를 얹었고 D(허니 치즈 크림)를 2줄(약 8g) 짠 다음
다시 E(초콜릿 장식물)를 얹는다.

5 금박으로 마무리한다.

CITRUS TART

시트러스 타르트

지름 7㎝ 타르트 약 12개 분량

[만드는 순서 & 구성]

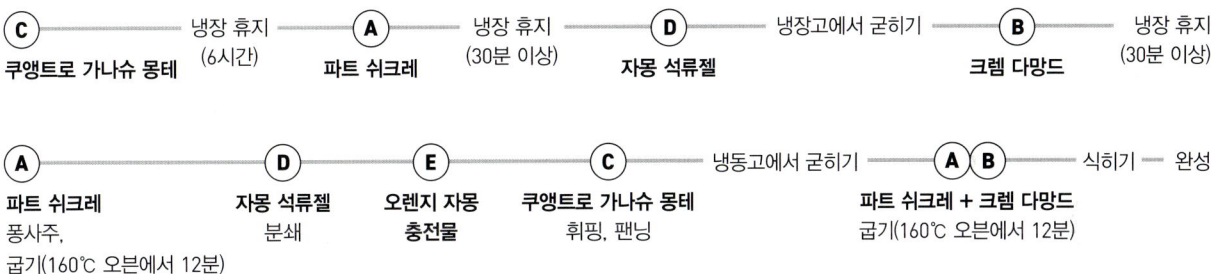

Ⓒ ——— 냉장 휴지 ——— Ⓐ ——— 냉장 휴지 ——— Ⓓ ——— 냉장고에서 굳히기 ——— Ⓑ ——— 냉장 휴지
쿠앵트로 가나슈 몽테　(6시간)　　파트 쉬크레　(30분 이상)　　자몽 석류젤　　　　　크렘 다망드　(30분 이상)

Ⓐ ——— Ⓓ ——— Ⓔ ——— Ⓒ ——— 냉동고에서 굳히기 ——— ⒶⒷ ——— 식히기 — 완성
파트 쉬크레　　　자몽 석류젤　　오렌지 자몽　　쿠앵트로 가나슈 몽테　　　　　파트 쉬크레 + 크렘 다망드
퐁사주,　　　　　분쇄　　　　　충전물　　　휘핑, 팬닝　　　　　　　　굽기(160℃ 오븐에서 12분)
굽기(160℃ 오븐에서 12분)

자몽과 오렌지의 상큼함을 가득 담은 타르트를 소개합니다. 클래식한 형태의 파트 쉬크레와 크렘 다망드 베이스의 타르트는 그 안에
수많은 맛과 재료를 담을 수 있는 그릇이 됩니다. 이 레시피에서는 자몽과 오렌지를 활용해서 타르트를 완성해 보았는데요, 한라봉이나
천혜향과 같은 우리나라에서 생산되는 시트러스 과일을 활용해 만들어 보는 것도 재미있을 거예요.

A-READY

TIP 3

A-7-1

A-7-2

(A)

파트 쉬크레 완성 약 700g(8×3.2㎝ 매트퍼 브리오슈 몰드, 한 번에 만들기 쉬운 분량)

READY

버터 160g
슈거파우더 128g
소금 2.8g
달걀 60g
박력분 352g

버터는 포마드 상태로 준비한다.
박력분은 체 친다.
타르트 틀 안쪽 면에 버터를 칠한다.
오븐은 160℃로 예열한다.

1 포마드 상태의 버터에 슈거파우더, 소금을 넣고 섞는다.
2 ①에 달걀을 넣고 섞는다.
3 ②에 체 친 박력분을 넣고 자르듯이 섞는다.
4 한덩어리로 뭉쳐 랩으로 싸고 냉장고에 30분 이상 휴지시킨다.
5 휴지시킨 반죽을 잠시 냉동고로 옮겨 차갑게 식힌 다음 꺼내서 2㎜ 두께로 밀어 편다.
6 지름 12㎝ 원형으로 자르고 몰드의 형태에 따라 반죽을 균일하게 퐁사주한다.
7 냉동고에서 10분 이상 휴지한 다음 유산지와 누름돌을 얹어 160℃에 12분 동안 굽는다.

[TIP]

1
파트 쉬크레(pâte sucrée)는 타르트의 그릇 역할을 하는 반죽 중 설탕의 비율이 높아 비교적 경쾌하게
부서지는 식감의 반죽입니다. 파트 쉬크레를 만들고 성형할 때는 중간중간 반죽을 냉장고에 휴지시키는
과정이 필요한데, 이것은 반죽을 차갑게 식혀 작업성을 좋게 하고 구울 때 수축하지 않도록 합니다.
④~⑥의 과정에서 반죽이 상온에서 부드럽게 되었다면 반죽을 다시 차가운 상태로 만들고
그 상태를 유지하며 작업하도록 합니다.

2
퐁사주(fonçage)는 용기 옆면과 바닥에 반죽을 팬닝하는 작업을 말합니다.

3
틀에 반죽을 퐁사주한 다음 여분의 반죽을 틀 높이에 맞춰 칼로 잘라 냅니다.

4
파트 쉬크레 레시피는 딸기 루콜라 샐러드 타르트와 동일합니다. p.60의 파트 쉬크레 공정을 참조하세요.

Ⓑ

크렘 다망드 완성 약 12개 분량(개당 약 15g 사용)

READY

버터 45g	버터는 포마드 상태로 준비한다 · 아몬드파우더는 체 친다.
슈거파우더 41g	오렌지는 흰부분을 제외한 껍질만 제스터에 간다.
트리몰린 5g	
달걀 43g	1 포마드 상태의 버터에 슈거파우더를 3번에 나누어 넣으면서 핸드믹서로 크림화한다.
아몬드파우더 45g	2 ①에 트리몰린을 넣고 섞는다.
오렌지 제스트 3g	3 ②에 달걀을 조금씩 넣으면서 유화시킨다.
	4 ③에 아몬드파우더를 넣고 주걱으로 자르듯이 섞는다.
	5 오렌지 제스트를 넣고 섞은 다음 냉장고에서 30분 이상 휴지시킨다

Ⓒ

쿠앵트로 가나슈 몽테 실리코마트 SF187 12개 분량(개당 약 15g 사용)

READY

생크림A 70g	바닐라 빈은 반을 갈라 씨를 긁어낸다 · 화이트초콜릿은 녹인다.
바닐라 빈 1/6개	
화이트초콜릿 30g	1 생크림A에 바닐라 빈의 씨를 더해 데운 다음 녹인 화이트초콜릿에 넣고 핸드블렌더로 유화시킨다.
(발로나 오팔리스)	2 ①에 생크림B를 넣고 섞은 다음 오렌지 리큐르를 넣고 핸드블렌더로 완벽하게 유화시킨다.
생크림B 99g	3 6시간 이상 냉장고에서 휴지한 다음 휘핑한다.
오렌지 리큐르(쿠앵트로) 2g	4 실리콘 몰드에 채워 윗면을 평평하게 고른 다음 냉동고에서 굳힌다.

Ⓓ

자몽 석류젤 완성 약 230g(한 번에 만들기 쉬운 분량)

READY

자몽 퓌레 165g	설탕과 아가아가는 함께 계량하여 잘 섞어 둔다.
레몬즙 22g	
석류 농축액 15g	1 냄비에 자몽 퓌레, 레몬즙, 석류 농축액, 그레나딘 시럽을 담고 45℃로 가열한다.
그레나딘 시럽 9g	2 ①에 설탕과 아가아가를 넣고 끓을 때까지 가열한다.
설탕 39g	3 불에서 내려 식힌 다음 냉장고에서 완전히 굳힌다.
아가아가(소사) 3.7g	4 핸드블렌더로 곱게 간다.

E-2

F-READY

F-1

F-2

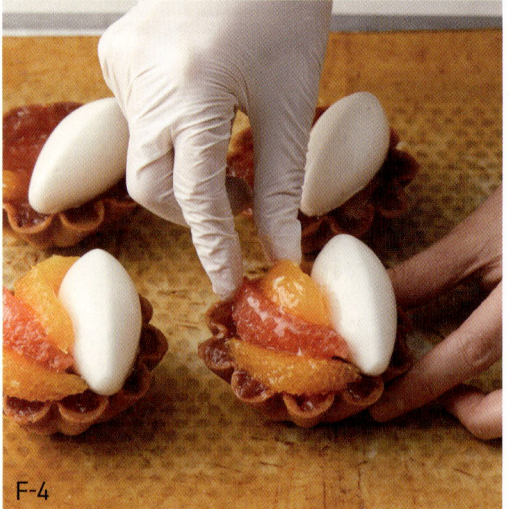

F-4

오렌지 자몽 충전물 완성 약 12개 분량(개당 약 15g 사용)

READY

오렌지 **40g**
자몽 **73g**
D(자몽 석류젤) **105g**

오렌지와 자몽은 속껍질을 제거한 다음 중량대로 준비한다.

1 껍질을 제거한 자몽과 오렌지는 먹기 좋은 크기로 자른다.
2 곱게 갈아둔 D(자몽 석류젤)와 잘 섞는다.

F

완성

READY

오렌지 세그멍 **적당량**
자몽 세그멍 **적당량**
미루아르 **적당량**
식용 금박 **적당량**

오렌지와 자몽 세그멍을 준비한다.
오븐은 160℃로 예열한다.

1 구운 A(파트 쉬크레) 바닥에 B(크렘 다망드)를 15g씩 짜고
160℃ 오븐에서 12분 동안 굽는다.
2 ①을 식힌 다음 E(오렌지 자몽 충전물)을 채워 표면은 평평하게 다듬는다.
3 C(쿠앵트로 가나슈 몽테)를 몰드에서 꺼낸 다음 25℃ 미루아르를 씌운다.
4 ② 위에 ③을 얹고 오렌지와 자몽 세그멍, 식용 금박을 장식해 마무리한다.

[TIP]

세그멍(Segment, 프랑스어) 또는 세그먼트(Segment, 영어)는 시트러스 과일의 껍질과
속껍질을 벗긴 다음 흰 부분이 남지 않도록 과육만 칼로 커팅해내는 것을 가리킵니다.
최대한 손실 없이 과육을 잘 분리하는 것이 중요합니다.

GRAPEFRUIT &LYCHEE PANNA COTTA

자몽&리치 판나코타

180㎖ 유리 보틀 약 6개 분량

[만드는 순서 & 구성]

Ⓐ ──────── 냉장고에서 굳히기 ──────── Ⓑ ──────── 냉장고에서 굳히기 ──────── Ⓑ ──────── 완성

리치 판나코타   **자몽 젤리**   **자몽 젤리**
         자르기

자몽과 리치를 담은 여름에 어울리는 판나코타입니다. 이 책에서는 다양한 재료로 만든 판나코타를 소개하고 있는데요, 구성은 비슷하지만 각각의 맛과 텍스처는 조금씩 다르답니다. 이 판나코타는 여름에 어울리는 과일들로 조금 더 가볍게 느껴지도록 구성했습니다. 리치의 향긋함과 자몽의 달콤함이 더해져 깔끔하게 마무리됩니다.

Ⓐ

리치 판나코타 보틀 약 6개 분량(개당 약 90g 사용)

READY

생크림 343g

리치 퓌레 132g

설탕 40g

물엿 24g

젤라틴매스 31.8g

리치 리큐르(디타) 16g

젤라틴매스(젤라틴 5.3g + 물 26.5g)를 준비한다(p.16 젤라틴매스 참조).

1 냄비에 생크림, 리치 퓌레, 설탕, 물엿, 젤라틴매스를 넣고 젤라틴과 설탕이
   잘 녹을 수 있도록 거품기로 가볍게 섞으면서 60℃까지 가열한다.
2 체에 내린 다음 리치 리큐르를 섞는다.
3 보틀에 90g씩 담고 냉장고에서 5시간 이상 굳힌다.

B-3

C-READY   C-1

(B) 자몽 젤리 12㎝ 정사각 무스 틀 2개 분량(오ᅟᅵᅟᅟᅵ러 분ᅟ ᅟ80g 사용)

READY

자몽 주스 **520g**
자몽 시럽 **44g**
설탕 **40g**
펄아가(No.9) **24g**

설탕과 펄아가는 함께 섞어 계량한다 • 12㎝ 정사각 무스 틀 2개에 랩을 씌워 둔다.

1 냄비에 자몽 주스, 자몽 시럽을 넣고 45℃ 정도로 데운 다음 설탕과 펄아가를 넣고
   거품기로 저으며 끓어오를 때까지 가열한다.
2 준비한 무스 틀 2개에 나눠 붓고 냉장고에서 5시간 이상 충분히 굳힌다.
3 젤리가 굳으면 적당한 크기로 잘라서 준비한다.

(C) 완성

READY

오렌지 세그먼 **적당량**
자몽 세 /멍 **적당량**
식용꽃 **적당량**

오렌지와 자몽 세그멍을 준비한다.

1 A(리치 판나코타) 보틀에 B(자몽 젤리)를 80g씩 담는다.
2 오렌지와 자몽 세그멍을 얹고 식용꽃으로 장식하여 마무리한다.

LIME&BASIL SORBET ADE

라임&바질 소르베 에이드

400㎖ 음료컵 약 6잔 분량

[만드는 순서 & 구성]

B	냉장 숙성	A	냉장 숙성	아이스크림 머신 작동	완성
라임 에이드 베이스	(1일)	라임 바질 소르베	(6시간)		

탄산이 들어가는 음료 에이드는 여름에 시원한 청량감을 느낄수 있는 메뉴인데요, 톡 쏘는 상큼함을 함께 느낄 수 있도록 라임으로 에이드 베이스를 만들고 서서히 녹으면서 시원함과 산뜻함을 더할 수 있는 바질 라임 소르베를 얹어 마무리했습니다. 특별한 계절 음료로 시원한 여름을 보내 보세요.

A-READY

A-2

A-4

B-2

C-2

C-4

라임 바질 소르베 약 6잔 분량(컵당 70g 사용)

READY

물 102g

설탕 82g

물엿 36g

라임 퓌레 192g

베르가못 퓌레 43g

바질 9g

아이스크림(소르베) 냉각용 용기를 냉동고에 얼려 둔다.

바질은 다진다.

1 물, 설탕, 물엿을 85℃까지 가열한 다음 20℃로 식힌다.

2 ①에 라임 퓌레, 베르가못 퓌레를 넣고 핸드블렌더로 완벽하게 섞는다.

3 냉장고에서 6시간 숙성시킨 다음 다져둔 바질과 함께
  아이스크림 머신에 넣어 소르베 형태로 완성한다.

4 완성된 소르베는 용기에 담아 냉동고에 보관한다.

라임 에이드 베이스 약 6잔 분량(컵당 90g 사용)

READY

라임 300g

설탕 75g

라임 퓌레 45g

라임 시럽 40g

라임은 베이킹소다와 굵은 소금으로 세척한다.

1 라임은 2㎜ 두께로 슬라이스한다.

2 모든 재료를 잘 섞어 냉장고에 하룻밤 숙성시킨다.

3 설탕이 잘 녹고 전체적으로 잘 섞이면 사용한다.
  완성된 베이스는 일주일 정도 냉장고에 두고 사용할 수 있다.

Ⓒ

완성

라임 슬라이스 6장

장식용 라임 6조각

얼음 1020g

탄산수 720g

바질잎 약간

1 400㎖ 음료컵에 B(라임 에이드 베이스)를 각각 90g씩 담는다.

2 컵 옆면에 라임 슬라이스를 붙인다.

3 얼음을 컵 가득(약 170g) 넣고 탄산수 120g을 붓는다.

4 아이스크림 스쿱으로 A(라임 바질 소르베) 70g씩을 떠서
  ③ 위에 얹고 라임, 바질잎 등으로 장식한다.

복숭아 위크

PEACH
WEEK

여름 과일인 핵과류에는 체리, 살구, 자두, 복숭아 등이 속합니다. 그중 복숭아는 우리나라에서 여름철에 쉽게 구할 수 있고 향이 풍부할 뿐만 아니라 과육도 부드러워 디저트의 다른 구성 요소들과 조합이 좋습니다. 복숭아는 종류별로 단단한 정도, 향과 맛이 조금씩 다르기 때문에 원하는 맛과 식감에 따라 선택하여 사용합니다. 딸기처럼 기본 크림류와도 잘 어울려 간단하게 만드는 생크림케이크에도 추천합니다.

복숭아가 맛있는 계절

여름 최고의 과일이라 불리는 복숭아는 한여름인 6~9월에 수확됩니다. 종류와 명칭이 셀 수 없을 만큼 다양하지만 크게 분류하면 백도, 황도, 천도복숭아로 나눌 수 있어요. 최근에는 새콤한 맛의 천도복숭아와 과즙이 넘치는 뽀얀 백도복숭아의 맛이 합쳐진 신비복숭아도 인기를 얻고 있는데 당도가 높아 디저트 재료로도 좋습니다.

복숭아 선택하기

복숭아는 달콤한 냄새가 나며 표면이 매끈하고 윤기 나는 것이 좋습니다. 상처나 멍, 무름이 덜한 것을 고르고 과일의 무게가 한쪽으로 쏠려 있거나 모양이 예쁘지 않으면 단맛이 거의 없고 신맛이 강하게 납니다. 또한 복숭아는 뿌리 쪽부터 익기 때문에 밑부분 빨간색이 더 달고 초록색이 많을수록 식감이 떨어지며 신맛이 강합니다. 그리고 주근깨 같은 흰점이 많을수록 당도가 높은 편이므로 참고하여 선택합니다.

복숭아 응용하기

[생과일] 복숭아는 갈변이 잘 되는 과일이기 때문에 무른 것보다는 단단한 것을 가볍게 시럽 처리하여 사용하는 편입니다. 이때 생과일 특유의 식감이 사라지면 통조림 과일과 차이가 없으므로 갈변은 막되 적당한 식감을 유지하는 것이 중요합니다.

[통조림, 병조림] 금방 무르는 과일이기 때문에 통조림이나 병조림 형태로 보존하는 경우가 많은데요, 손쉽게 어느 계절에나 사용할 수 있다는 장점이 있습니다.

[과일 퓌레] 우리가 보통 알고 있는 복숭아 맛의 퓌레는 화이트피치 퓌레입니다. 천도복숭아는 블러드피치 퓌레, 붉은색을 내거나 자두가 가진 향과 맛을 더하고 싶을 때는 루비복숭아 퓌레를 함께 사용합니다.

[리큐르] 복숭아는 특유의 향긋한 향을 가진 과일입니다 이런 느낌을 더하기 위해 복숭아 리큐르를 함께 사용합니다. 쿠앵트로와 키르슈도 잘 어울립니다.

복숭아 보관&세척하기

복숭아는 너무 차가운 곳에 보관하면 단맛이 떨어집니다. 그래서 찬 곳보다는 상온의 조금 낮은 온도, 시원하고 그늘진 바림이 잘 통하는 곳에서 숙성시킨 다음 냉장고에 보관하는 것이 좋습니다. 또한 복숭아는 미리 씻어 두면 맛이 없으니 사용할 때 세척하는 것이 좋습니다.

복숭아와 잘 어울리는 재료

마스카르포네치즈
크림, 요거트,
아몬드, 레몬, 시나몬
샴페인, 쿠앵트로
키르슈

PEACH YOGHURT SHORTCAKE

복숭아 요거트 구름케이크

지름 15㎝ 케이크(1호) 1개 분량

[만드는 순서 & 구성]

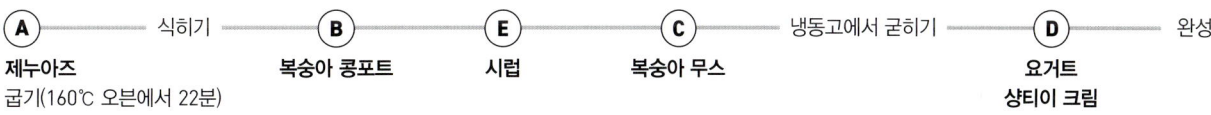

| Ⓐ | 식히기 | Ⓑ | Ⓔ | Ⓒ | 냉동고에서 굳히기 | Ⓓ | 완성 |

제누아즈   복숭아 콩포트   시럽   복숭아 무스   요거트
굽기(160℃ 오븐에서 22분)   샹티이 크림

제누아즈와 크렘 샹티이를 기본으로 하는 해피해피케이크의 구름케이크는 계절마다 신선하고 맛있는 재료를 활용하여 만드는, 구름처럼 폭신하고 가벼운 생크림케이크입니다. 복숭아 역시 이런 구름케이크의 맛과 텍스처에 잘 어울리는 과일이기 때문에 생크림케이크에 많이 사용하는데요, 이번에는 복숭아 요거트 무스를 더해 단조로울 수 있는 생크림케이크에 포인트를 주었습니다. 복숭아 무스는 미리 만들어 냉동 보관해 두었다가 필요할 때 제누아즈와 아이싱해서 완성할 수 있기 때문에 현장에서 활용하기 좋은 레시피입니다.

A-1-1

A-1-2

A-2

(A)

제누아즈 지름 15㎝ 제누아즈 1개 분량

R E A D Y

달걀 **100g**

노른자 **13g**

설탕 **56g**

꿀 **8g**

박력분 **60g**

버터 **7g**

우유 **7g**

바닐라 에센스 **약간**

팬 옆면과 바닥에 종이 포일을 깔아 둔다.

오븐은 160℃로 예열한다.

버터와 우유는 함께 계량하여 녹인다.

박력분은 체 친다.

달걀과 노른자는 함께 계량하여 휘핑하기 좋은 깊은 스텐볼에 준비한다.

이때 바닐라 에센스를 더해 둔다.

1 달걀, 노른자, 꿀, 설탕, 바닐라 에센스를 40℃ 정도까지 중탕으로 데운 다음 뽀얗게 될 때까지
    핸드믹서로 휘핑한다. 이때 마지막은 저속으로 마무리하여 조밀한 기공을 만든다.
    완성된 반죽을 들어올려 떨어뜨려 보았을 때 리본처럼 매끄럽게 쌓이는 느낌이 되도록 한다.

2 ①에 박력분을 넣고 주걱으로 잘 섞는다. 가루를 섞을 때는 반죽을 위에서 아래로 떠 올리듯이
    조심스럽게 섞어야 거품이 죽지 않는다.

3 박력분이 잘 섞이면 녹인 버터와 우유를 넣고 섞는다.

4 완성된 반죽을 틀에 팬닝하고 160℃ 오븐에서 22분 동안 굽는다.

5 오븐에서 나온 제누아즈는 틀을 제거하고 뒤집어서 한 김 식힌 후 다시 뒤집어 식힌다.

6 완전히 식으면 구움색이 난 부분을 제거하고 지름 12㎝ 무스링을 이용하여
    두께 1.5㎝, 지름 12㎝ 원형으로 2장을 준비한다.

A-3

A-4

A-5

A-6

[TIP]

1
제누아즈 반죽을 만들 때는 적당한 볼륨감과 함께 쉽게 꺼지지 않는
조밀한 기공을 만드는 것이 중요합니다. 무조건 고속으로만 휘핑하여
올린 거품은 기공이 거칠어 작업 과정에서 볼륨이 쉽게 꺼질 수 있습니다.
휘핑 마지막 단계에서 저속으로 휘핑하면 만들어진 기공이 작게
쪼개지면서 보다 조밀하고 균일한 기포가 완성됩니다.

2
잘 구워진 제누아스는 표면을 눌러 보았을 때 탄력있게 다시 올라오는
스펀지 같이 느껴집니다. 딘력이 없고 꺼지는 느낌이라면 아직 덜 구워진
것이므로 조금 더 구워줍니다.

B-READY

B-3

C-READY

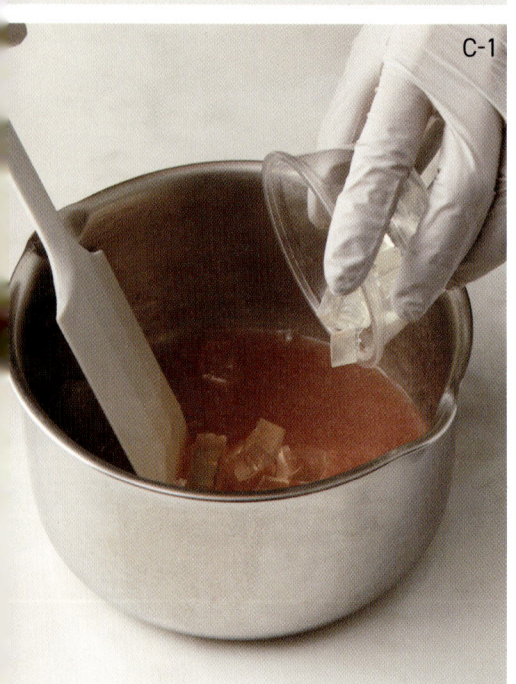

C-1

C-4

C-5

Ⓑ

복숭아 콩포트 약 2개 분량(개당 90g 사용)

READY

물 150g
설탕 50g
복숭아 200g
그레나딘 시럽 2g

복숭아는 단단한 것으로 골라 껍질을 제거하고 송편 모양으로 자른다.

1 냄비에 물과 설탕을 넣고 불에 올려 끓을 때까지 가열한다.
2 ①에 준비한 복숭아를 넣고 중불로 5분 정도 더 끓인다.
3 마지막으로 그레나딘 시럽을 넣어 마무리한다.
4 식으면 용기에 옮겨 냉장고에 보관한다.

[TIP]

1
복숭아 콩포트는 제조 후 3일 이내에 사용하는 것이 좋습니다. 사용할 때는 복숭아 과육을 건져서
키친타월에 여분의 시럽을 제거해 주세요.

2
그레나딘 시럽(Grenadine syrup)은 아주 진한 붉은 색의 석류 시럽입니다. 알코올은 전혀 포함되어
있지 않고 향도 거의 없습니다. 여기서는 복숭아를 핑크색으로 물들이는 데 사용합니다. 그레나딘 시럽은
소량으로도 색이 진하게 물들 수 있기 때문에 복숭아의 색을 보고 조금씩 넣으면서 조절합니다.

Ⓒ

복숭아 무스 지름 12㎝ 원형 무스 틀 2개 분량(한 번에 만들기 쉬운 분량)

READY

화이트피치 퓌레(브와롱) 35g
루비복숭아 퓌레(카프리) 18g
설탕 23g
젤라틴매스 19.2g
플레인 요거트 53g
복숭아 리큐르(디종 복숭아) 18g
생크림 119g

생크림은 70% 정도 휘핑한다(p.10 생크림 참조).
젤라틴매스(젤라틴 3.2g + 물 16g)를 준비한다(p.16 젤라틴매스 참조).
지름 12㎝ 원형 무스 틀 바닥에 랩을 씌우고 B(복숭아 콩포트)를 넣는다.

1 냄비에 화이트피치 퓌레, 루비복숭아 퓌레, 설탕을 넣고 불에 올려
   60℃로 가열한 다음 젤라틴매스를 넣어 녹인다.
2 ①을 체에 내리고 볼로 옮긴다.
3 ②에 플레인 요거트를 넣고 섞은 다음 복숭아 리큐르를 섞는다.
4 ③에 휘핑한 생크림을 넣고 거품기로 가볍게 섞어 무스를 완성한다.
5 B(복숭아 콩포트)를 넣은 틀에 무스를 140g씩 담고 냉동고에서 굳힌다.
6 완전히 굳으면 몰드를 제거한다.

[TIP]

화이트피치 퓌레는 일반적인 복숭아 맛, 루비복숭아 퓌레는 붉은 색을 내게 ㅏ 자두가 가진 향과 맛을 더하고
싶을 때 사용합니다. 2~3종류의 복숭아 퓌레를 적절히 조합해 원하는 맛과 향을 찾아 보는 것도 좋습니다.

D

요거트 샹티이 크림 지름 15㎝ 케이크 1개 분량

READY

생크림 휘핑을 위해 얼음물이 담긴 볼을 준비한다.

생크림 300g, 마스카르포네치즈 28g, 플레인 요거트 25g
설탕 22g, 요구르트 페이스트 10g

1 모든 재료를 함께 계량하여 단단하게 휘핑한다(p.10 생크림 참조).

E

시럽 지름 15㎝ 케이크 1개 분량

물 20g, 설탕 10g, 복숭아 리큐르(디종 복숭아) 5g

1 냄비에 물과 설탕을 넣고 불에 올려 끓을 때까지 가열한다.
2 ①이 식으면 복숭아 리큐르를 넣어 섞는다.

F

완성

장식용 조각 복숭아, 식용꽃 약간

1 돌림판 위에 A(제누아즈)를 1장 올리고 E(시럽)를 바른다.
2 ① 위에 C(복숭아 무스)를 올리고 다시 A(제누아즈)를
   1장 더 올린 다음 E(시럽)를 바른다.
3 케이크 윗면에 D(요거트 샹티이 크림)를 얹고
   스패튤러를 이용해 돌림판을 돌리면서 평평하게 만든다.
4 옆면에 D(요거트 샹티이 크림)를 균일하게 바르면서
   모서리 부분에 여분의 크림이 올라오도록 한다.
5 올라온 여분의 크림을 스패튤러로 깨끗하게 다듬으면서
   아이싱을 한다.
6 시폰 모양깍지를 넣은 짤주머니에 D(요거트 샹티이 크림)를
   담고 파이핑한 다음 복숭아 조각, 식용꽃을 올려 완성한다.

PEACH SANDWICH

복숭아 샌드

가로 6㎝ 세로 6㎝ 정육면체 샌드 6개 분량

[만드는 순서 & 구성]

A 복숭아 콩포트

B 비스퀴 수플레
굽기(180℃ 오븐에서 13분)

식히기

C 크렘 샹티이

완성

복숭아 샌드에는 제누아즈가 아닌 조금 독특한 비스퀴를 사용했습니다. 가루의 양이 적고 익반죽하는 공정으로 인해 부드러운 질감과 조밀한 단면으로 구워지는 비스퀴 수플레인데요, 부드러우면서도 탄력있는 식감의 이 비스퀴는 복숭아의 식감과도 잘 어울립니다. 여기에 마스카르포네치즈로 풍미를 높인 크렘 샹티이를 더해 복숭아의 계절에 어울리는 샌드 제품으로 완성했습니다.

A-2

A-3

Ⓐ

복숭아 콩포트 샌드 약 6개 분량

READY

복숭아는 단단한 것으로 골라 껍질을 제거하고
송편 모양으로 12조각을 자른다.

물 150g
설탕 50g
복숭아 약 300g
그레나딘 시럽 2g

1 냄비에 물과 설탕을 넣고 불에 올려 끓을 때까지 가열한다.
2 ①에 조각 낸 복숭아를 넣고 재가열하여 끓으면
　바로 불에서 내려 그레나딘 시럽을 넣는다.
3 완전히 식으면 용기에 옮겨 냉장고에 보관한다.

[TIP]

1
복숭아 콩포트는 3일 이내에 사용하는 것이 좋습니다. 사용할 때는 복숭아 과육을 건져서 키친타월에 올려 여분의 시럽을 제거해 주세요.

2
그레나딘 시럽(Grenadine syrup)은 아주 진한 붉은 색의 석류 시럽입니다. 여기서는 복숭아를 핑크색으로 물들이는 데 사용합니다. 그레나딘 시럽은 소량으로도 색이 진하게 물들 수 있기 때문에 복숭아의 색을 보고 조금씩 넣으면서 소절합니다.

B-1

B-2

B-3

B-5

B-6

B-9

(B)

비스퀴 수플레 39×29㎝ 크기의 1/2 빵팬 1장 분량

READY

버터 **52g**	냄비에 버터와 우유A를 함께 섞어 계량한다.
우유A **20g**	박력분은 체 친다.
박력분 **85g**	버터, 우유, 달걀은 상온에 미리 꺼내 둔다.
달걀 **59g**	오븐은 180℃로 예열한다.
노른자 **91g**	1/2 빵팬에 종이 포일을 깔아 둔다.
우유B **71g**	
흰자 **156g**	**1** 냄비에 버터와 우유A를 넣고 불에 올려 버터가 녹을 때까지 가열한다.
설탕 **78g**	**2** ①에 박력분을 한꺼번에 넣고 반죽이 냄비 바닥에 붙지 않고

2 ①에 박력분을 한꺼번에 넣고 반죽이 냄비 바닥에 붙지 않고
　　매끄럽게 될 때까지 주걱으로 치대듯이 섞는다.

3 ②에 달걀과 노른자를 3번에 나누어 넣으면서 거품기로 잘 섞는다.

4 우유를 조금씩 넣으면서 거품기로 잘 섞는다.

5 ④를 고운 체에 내린다.

6 흰자와 설탕으로 끝이 살짝 휘는 부드러운 머랭을 완성한다(p.12 기본 머랭 참조).

7 ⑤에 ⑥의 머랭 일부를 넣고 가볍게 섞는다.

8 ⑦을 ⑥의 머랭 볼에 넣고 거품기로 가볍게 섞어 반죽을 완성한다.

9 준비된 팬에 평평하게 팬닝하고 180℃ 오븐에서 13분 동안 굽는다.

10 14×20㎝ 크기로 2장을 재단한다.

[TIP]

공정 ③에서 달걀을 넣을 때 냄비가 아직 뜨거운 상태이므로 처음 넣는 달걀의 양이 너무
적을 경우 달걀이 잘 섞이지 못하고 익어버릴 수 있습니다. 달걀이 잘 섞이는 정도를
확인하면서 거품기로 빠르게 저어 달걀이 부분적으로 익지 않도록 주의합니다.

C-1-1

C-1-2

Ⓒ

크렘 샹티이 _{샌드 약 6개 분량}

READY

생크림 250g
마스카르포네치즈 40g
설탕 23g
복숭아 리큐르 15g
(디종 복숭아)

생크림 휘핑을 위해 얼음물이 담긴 볼을 준비한다.

1 모든 재료를 함께 계량하여 단단하게 휘핑한다(p.10 생크림 참조).

[TIP]

생크림을 휘핑할 때에는 크림이 차가운 상태를 유지하는 것이 좋습니다.
얼음물이 담긴 볼을 생크림볼 밑에 받쳐 휘핑하도록 합니다.

Ⓓ

완성 샌드 약 6개 분량

1 1장의 A(비스퀴 수플레)에 C(크렘 샹티이)를 얇게 바른다.

2 ① 위에 B(복숭아 콩포트)를 올린다.

3 B(복숭아 콩포트)를 덮듯이 C(크렘 샹티이)를 평평하게 바른다.

4 다른 1장의 A(비스퀴 수플레)를 올리고 냉장고에서 30분 이상 굳힌다.

5 6×6㎝ 크기의 정사각형으로 자른다.

PEACH RARE CHEESECAKE

복숭아 레어 치즈케이크

지름 18cm 케이크 1개 분량

[만드는 순서 & 구성]

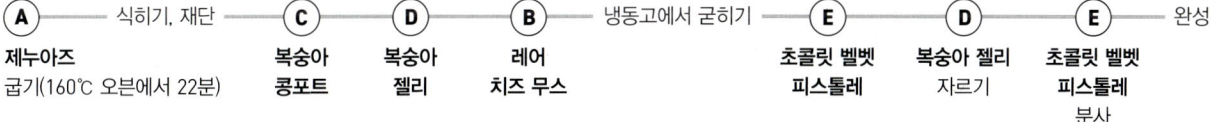

| **A** | ── 식히기, 재단 ── | **C** | **D** | **B** | ── 냉동고에서 굳히기 ── | **E** | **D** | **E** | ── 완성 |

A 제누아즈
굽기(160℃ 오븐에서 22분)

C 복숭아
콩포트

D 복숭아
젤리

B 레어
치즈 무스

E 초콜릿 벨벳
피스톨레

D 복숭아 젤리
자르기

E 초콜릿 벨벳
피스톨레
분사

해피해피케이크에서 진행하고 있는 클래스의 레시피 중 레어 치즈케이크 베이스에 딸기를 사용하는 제품이 있는데요, 이 레시피에 복숭아가 잘 어울리도록 베리에이션한 케이크입니다. 만드는 공정이 어렵지 않아서 초보자도 손쉽게 근사한 케이크를 완성할 수 있을 거예요. 산뜻하고 부드러운 치즈 무스와 복숭아가 자연스럽게 어울리는 치즈케이크를 만들어 봅니다.

A-1-1
A-1-2
A-2
A-3

제누아즈 지름 15㎝ 케이크 1개 분량

READY

달걀 **100g**

노른자 **13g**

설탕 **56g**

꿀 **8g**

박력분 **60g**

버터 **7g**

우유 **7g**

바닐라 에센스 **약간**

팬 옆면과 바닥에 종이 포일을 깔아 둔다.

오븐은 160℃로 예열한다.

버터와 우유는 함께 계량하여 녹인다.

박력분은 체 친다.

바닐라 에센스는 달걀에 넣어 둔다.

1 달걀, 노른자, 꿀, 설탕, 바닐라 에센스를 40℃ 정도까지 중탕으로 데운 다음
뽀얗게 될 때까지 핸드믹서로 휘핑한다. 이때 마지막은 저속으로 마무리하여
조밀한 기공을 만든다. 완성된 반죽을 들어올려 떨어뜨려 보았을 때
리본처럼 매끄럽게 쌓이는 느낌이 되도록 한다.

2 ①에 박력분을 넣고 주걱으로 잘 섞는다. 가루를 섞을 때는
반죽을 위에서 아래로 떠 올리듯이 조심스럽게 섞어야 거품이 죽지 않는다.

3 박력분이 잘 섞이면 녹인 버터와 우유를 넣고 섞는다.

4 완성된 반죽을 틀에 팬닝하고 160℃ 오븐에서 22분 동안 굽는다.

5 오븐에서 나온 제누아즈는 틀을 제거하고 뒤집어서 한 김 식힌 후 다시 뒤집어 식힌다.

6 완전히 식으면 두께 0.5㎝, 지름 15㎝ 원형으로 1장을 준비한다(p.36 제누아즈 참조).

Ⓑ

레어 치즈 무스 지름 18㎝ 케이크 1개(실리코마트 SF005, SF006 몰드 각 1개씩 분량)

READY

크림치즈 177g

플레인 요거트 30g

설탕 47g

젤라틴매스 18g

생크림 203g

레몬즙 6g

복숭아 리큐르 9g

(디종 복숭아)

크림치즈는 상온에 미리 꺼내 둔다.

젤라틴매스(젤라틴 3g + 물 15g)를 준비한다(p.16 젤라틴매스 참조).

지름 18㎝, 높이 2㎝ 원형 타르트 틀 바닥에 랩을 씌우고

재단한 A(제누아즈), C(복숭아 콩포트)를 넣는다.

1 크림치즈를 핸드믹서로 부드럽게 풀고 플레인 요거트를 넣어 가볍게 섞는다.

2 ①에 설탕을 넣고 섞는다.

3 젤라틴매스를 50℃로 녹인 다음 ②에 넣고 재빨리 섞는다.

4 ③에 생크림을 5번에 나누어 넣으면서 가벼운 크림 상태로 휘핑한다.

5 레몬즙과 복숭아 리큐르를 넣고 준비된 타르트 틀과 실리콘 몰드에 무스를 채운다.

6 평평하게 다듬고 냉동고에서 굳힌다.

Ⓒ

복숭아 콩포트 케이크 1개 분량

READY

물 37g

설탕 13g

복숭아 75g

그레나딘 시럽 1g

복숭아는 껍질을 제거하고 작은 조각으로 자른다.

1 냄비에 물과 설탕을 넣고 불에 올려 끓어 오르면 복숭아를 넣고 3분 더 끓인다.

2 그레나딘 시럽을 넣는다.

3 식으면 용기에 옮겨 냉장고에 보관한다.

[TIP]

복숭아 콩포트는 3일 정도 사용할 수 있습니다.

사용할 때는 복숭아 과육을 건져서 키친타월에 여분의 시럽을 제거해 주세요.

Ⓓ

복숭아 젤리 완성 135g(케이크 약 5개 분량, 한 번에 만들기 쉬운 분량)

READY

루비복숭아 퓌레(카프리) 70g
물 50g
설탕 25g
펄아가(No.9) 9g

설탕과 펄아가는 함께 계량한다.
12㎝ 정사각 무스 틀 바닥에 랩을 씌워 둔다.

1 냄비에 루비복숭아 퓌레, 물을 넣고 불에 올려 45℃ 정도가 되면
  설탕과 펄아가를 넣은 다음 거품기로 저으며 끓을 때까지 가열한다.
2 준비한 무스 틀에 담고 냉장고에서 5시간 이상 충분히 굳힌다.
3 젤리가 굳으면 적당한 크기로 잘라서 준비한다.

D-3

[TIP]

펄아가(pearl agar)는 홍조류에서 추출한 카라기난,
로커스트검 등을 주원료로 하는 젤리 겔화제로
젤라틴과 한천보다 투명하고 탄력과 광택이 뛰어나며
부드러운 식감이 특징입니다. 아가아가와 마찬가지로
뜨겁게 가열한 재료에 직접 첨가하면 덩어리지기
쉬우므로 입자가 큰 설탕 등과 미리 섞어 분산력을
높여야 합니다. 산미가 강한 액체에 넣으면
응고력이 떨어질 수 있습니다.

F-1

F-2

Ⓔ

초콜릿 벨벳 피스톨레

화이트초콜릿 200g
(발로나 오팔리스)
카카오버터 200g

1 화이트초콜릿과 카카오버터는 녹여서 잘 섞는다.

2 40~50℃가 되면 피스톨레 건에 담는다.

Ⓕ

완 성

복숭아 적당량
허브 적당량

1 틀을 제거한 B(레어 치즈 무스) 위에 반구 형태의 B(레어 치즈 무스)를 촘촘히 올린다.

2 ① 위에 피스톨레 건으로 E(초콜릿 벨벳 피스톨레)를 분사해 벨벳 텍스처를 만든다.

3 복숭아 조각, D(복숭아 젤리), 허브로 징식하여 마무리한다.

CINNAMON &PEACH

시나몬&복숭아

지름 7.5㎝ 프티 가토 6개 분량

[만드는 순서 & 구성]

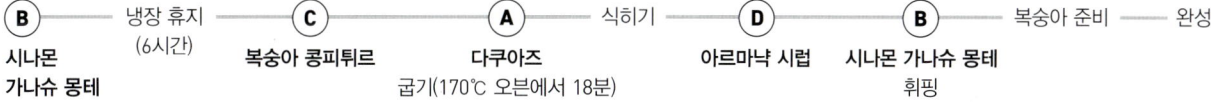

B 시나몬 가나슈 몽테 — 냉장 휴지 (6시간) — **C** 복숭아 콩피튀르 — **A** 다쿠아즈 굽기(170℃ 오븐에서 18분) — 식히기 — **D** 아르마냑 시럽 — **B** 시나몬 가나슈 몽테 휘핑 — 복숭아 준비 — 완성

다쿠아즈는 고소한 풍미와 함께 부서지는 듯한 가벼운 식감이 특징인데요, 다쿠아즈 베이스의 과일 케이크는 다쿠아즈가 과일의 맛을 무겁지 않게 잡아 주며 균형을 이룹니다. 이번에는 다쿠아즈 비스퀴와 시나몬이 들어간 가나슈 몽테, 그리고 복숭아 콩피튀르를 활용하여 계절의 맛을 가득 담은 케이크를 소개하려고 합니다. 복숭아와 함께 은은한 시나몬 향이 케이크에 입혀져 향긋하게 입 안에 남는 디저트 입니다.

A-1

A-3

A-4

A-5

B-1

B-6

다쿠아즈 지름 7.5㎝ 원형 다쿠아즈 약 6개 분량

R E A D Y

흰자 60g	오븐은 170℃로 예열한다.
설탕 25g	가루류(아몬드파우더 2종, 슈거파우더)는 함께 체 친다.
아몬드파우더 46g	철판에 지름 7.5㎝ 타르트 링 6개를 올려 준비한다.
굵은 아몬드파우더 13g	
슈거파우더 56g	
아몬드분태 5g	
슈거파우더 **적당량**	

흰자 60g
설탕 25g
아몬드파우더 46g
굵은 아몬드파우더 13g
슈거파우더 56g
아몬드분태 5g
슈거파우더 **적당량**

오븐은 170℃로 예열한다.
가루류(아몬드파우더 2종, 슈거파우더)는 함께 체 친다.
철판에 지름 7.5㎝ 타르트 링 6개를 올려 준비한다.

1 흰자에 설탕을 3번에 나누어 넣으면서 휘핑하여 단단한 머랭을 만든다(p.12 기본 머랭 참조).
2 ①에 체 친 가루류를 넣고 주걱으로 섞어 반죽을 완성한다.
3 1㎝ 원형 모양깍지를 넣은 짤주머니에 반죽을 담고 타르트 링 테두리에서 가운데로
   모으듯이 6개의 물방울 모양을 짠다.
4 아몬드분태를 뿌리고 그 위에 슈거파우더를 2번 뿌린 다음 170℃ 오븐에서 18분 동안 굽는다.
5 식으면 작은 칼을 이용해 테두리를 따라 칼집을 넣어 틀을 제거한다.

[TIP]

굵은 아몬드파우더는 아몬드분태를 굵게 갈아서 사용합니다.
이렇게 하면 다쿠아즈에 씹는 식감을 더할 수 있어요.

B 시나몬 가나슈 몽테 약 6개 분량(개당 약 35g 사용)

R E A D Y

화이트초콜릿 55g
(발로나 오팔리스)
생크림A 43g
시나몬스틱 1/2개
트리몰린 10g
젤라틴매스 6g
생크림B 104g
브랜디(아르마냑) 5g

냄비에 생크림A, 시나몬스틱을 함께 계량한다.
화이트초콜릿은 녹인다.
젤라틴매스(젤라틴 1g + 물 5g)를 준비한다(p.16 젤라틴매스 참조).

1 냄비에 생크림A, 시나몬스틱을 넣고 끓기 전까지 가열한 다음 뚜껑을 덮고 5분 동안 우린다.
2 시나몬스틱을 건져 내고 생크림A의 중량을 잰 후 다시 55g이 되도록 생크림을 추가한다.
3 ②에 트리몰린, 젤라틴매스를 넣고 젤라틴매스가 녹을 때까지 다시 가열한다.
4 녹인 화이트초콜릿에 ③을 넣고 핸드블렌더로 잘 유화시킨다.
5 ④에 생크림B, 브랜디를 넣고 섞은 다음 핸드블렌더로 완벽하게 유화시킨다.
6 6시간 이상 냉장고에 휴지한 다음 휘핑한다.
7 별 모양깍지를 넣은 짤주머니에 담는다.

C-5

E-2

E-3

E-4

복숭아 콩피튀르 완성 150g(개당 약 18g 사용, 한 번에 만들기 쉬운 분량)

READY

천도복숭아 **100g**
자두 **30g**
루비복숭아 퓌레(카프리) **55g**
설탕A **30g**
시나몬스틱 **1개**
설탕B **15g**
NH 펙틴(소사) **1.9g**
레몬즙 **9g**
브랜디(아르마냑) **7g**

천도복숭아와 자두는 깨끗이 씻어 껍질째 작은 조각으로 자른다.
설탕B와 NH 펙틴은 함께 계량한 다음 잘 섞는다.

1 냄비에 천도복숭아, 자두, 루비복숭아 퓌레, 설탕A, 시나몬스틱을 넣고
  불에 올려 45℃ 정도로 가열한다.
2 ①에 설탕B와 NH 펙틴을 넣고 잘 섞는다.
3 저어주면서 점도가 생길 때까지 끓인다.
4 불에서 내려 레몬즙, 브랜디를 넣고 마무리한다.
5 식으면 잘 풀어 짤주머니에 담아 둔다.

[TIP]

펙틴은 식물의 세포막을 구성하는 성분으로 과일 껍질이나 과육에 많이 포함되어 있습니다.
NH 펙틴은 산도 pH 3.5~3.7, 설탕 40% 이상의 조건에서 응고되며 과일 재료에 가장 적합한
펙틴으로 과일 베이스의 나파주나 필링, 저당용 잼에 사용할 수 있습니다.

아르마냑 시럽 완성 약 85g(개당 약 5g 사용)

물 **50g**
설탕 **25g**
브랜디(아르마냑) **23g**

1 물과 설탕을 끓여 시럽을 만든다.
2 식으면 브랜디를 넣고 섞는다.

[TIP]

아르마냑(Armagnac)은 프랑스 보르도 지방의 아르마냑 지역에서 생산되는 브랜디입니다.
브랜디는 포도를 원료로 만든 와인을 증류한 술로 코냑이 부드럽고 섬세한 브랜디인 반면
아르마냑은 거칠고 텁텁한 맛을 지닙니다.

완성

복숭아 **적당량**
아몬드 슬라이스 **적당량**
시나몬파우더 **적당량**
식용 금박 **적당량**

1 A(다쿠아즈) 가운데 부분에 D(아르마냑 시럽)를 5g씩 스며들도록 바른다.
2 B(시나몬 가나슈 몽테)를 ① 위에 짠다. 이때 C(복숭아 콩피튀르)를
  짤 수 있는 가운데 공간을 충분히 둔다.
3 B(시나몬 가나슈 몽테)의 가운데에 C(복숭아 콩피튀르)를 주입하듯이 개당 약 18g씩 짠다.
4 시나몬파우더를 가볍게 뿌린 다음 복숭아 조각과 아몬드 슬라이스로 장식해 마무리한다.

NECTARINE CRÈME D'ANGE

천도복숭아 크렘 당주

지름 7.5㎝ 반구형 프티 가토 6개 분량

[만드는 순서 & 구성]

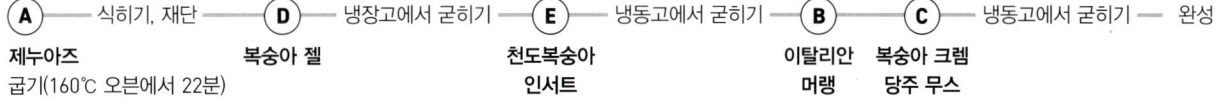

(A) ── 식히기, 재단 ── (D) ── 냉장고에서 굳히기 ── (E) ── 냉동고에서 굳히기 ── (B) ── (C) ── 냉동고에서 굳히기 ── 완성

제누아즈
굽기(160℃ 오븐에서 22분)

복숭아 젤

**천도복숭아
인서트**

**이탈리안
머랭**

**복숭아 크렘
당주 무스**

크렘 당주의 은은하게 기분 좋은 산미와 솜사탕처럼 사르르 녹아내리는 가벼운 식감을 좋아합니다. 이 레시피에서는 크렘 당주를 콘셉트로 하는 천도복숭아 케이크를 만들어 보았습니다. 거즈에 싸서 굳히는 크렘 당주는 냉동 보관해 두었다가 필요할 때 과일과 함께 플레이팅 하여 완성합니다.

A-1   A-3

A-4   A-5

제누아즈 지름 15㎝ 케이크 1개 분량

READY

달걀 **100g**
노른자 **13g**
설탕 **56g**
꿀 **8g**
박력분 **60g**
버터 **7g**
우유 **7g**
바닐라 에센스 **약간**

팬 옆면과 바닥에 종이 포일을 깔아 둔다.
오븐은 160℃로 예열한다.
버터와 우유는 함께 계량하여 녹인다.
박력분은 체 친다.
바닐라 에센스는 달걀에 넣어 둔다.

1 달걀, 노른자, 꿀, 설탕, 바닐라 에센스를 40℃ 정도까지 중탕으로 데운 다음
뽀얗게 될 때까지 핸드믹서로 휘핑한다. 이때 마지막은 저속으로 마무리하여
조밀한 기공을 만든다. 완성된 반죽을 들어올려 떨어뜨려 보았을 때
리본처럼 매끄럽게 쌓이는 느낌이 되도록 한다.

2 ①에 박력분을 넣고 주걱으로 잘 섞는다. 가루를 섞을 때는
반죽을 위에서 아래로 떠 올리듯이 조심스럽게 섞어야 거품이 죽지 않는다.

3 박력분이 잘 섞이면 녹인 버터와 우유를 넣고 섞는다.

4 완성된 반죽을 틀에 팬닝하고 160℃ 오븐에서 22분 동안 굽는다.

5 오븐에서 나온 제누아즈는 틀을 제거하고 뒤집어서 한 김 식힌 후
다시 뒤집어 식힌다.

6 완전히 식으면 두께 0.5㎝, 지름 4㎝ 원형으로 6장 준비한다(p.36 제누아즈 참조).

Ⓑ

이탈리안 머랭 완성 약 110g(전량 사용, 한 번에 만들기 쉬운 분량)

READY
———

물 **30g**

설탕 **70g**

흰자 **60g**

냄비에 물과 설탕을 함께 계량한다.

1 냄비에 물과 설탕을 넣고 불에 올려 가열한다.

2 ①이 가열되는 동안 흰자의 조직이 조밀하고 들어올렸을 때 부드럽게 위로 쌓이는 느낌이 들 때까지 휘핑한다.

3 ①의 시럽이 118℃가 되면 ②에 조금씩 부으면서 핸드믹서의 고속으로 휘핑한다.

4 시럽이 머랭 안에 잘 퍼져 섞이는 것을 확인하면서 중속으로 낮춰 머랭이 30℃ 미만으로 식을 때까지 휘핑한다.

5 단단하고 윤기있는 이탈리안 머랭을 완성한다(p.14 이탈리안 머랭 참조).

Ⓒ

복숭아 크렘 당주 무스 실리코마트 SF 002 몰드 약 6개 분량

READY
———

마스카르포네치즈 **42g**

프로마주블랑(이즈니) **74g**

젤라틴매스 **16.8g**

생크림 **131g**

B(이탈리안 머랭) **110g**

오렌지 리큐르(쿠앤트로) **8g**

이탈리안 머랭을 만들어 분량대로 준비한다.

젤라틴매스(젤라틴 2.8g + 물 14g)를 준비한다(p.16 젤라틴매스 참조).

생크림은 70% 정도 휘핑한다(p.10 생크림 참조).

몰드에 멸균거즈를 2장씩(총 12장) 겹쳐 깔아 둔다.

1 마스카르포네치즈와 프로마주블랑을 부드럽게 푼다.

2 젤라틴매스를 50℃로 녹인 다음 ①에 더해 거품기로 빠르게 잘 섞는다.

3 ②에 휘핑한 생크림을 3번에 나누어 넣으면서 거품기로 잘 섞는다.

4 B(이탈리안 머랭), 오렌지 리큐르를 넣고 거품기로 가볍게 섞어 완성한 다음 짤주머니에 담는다.

5 준비된 몰드에 35g씩 짜고 E(천도복숭아 인서트)를 올린다.

6 ⑤에 A(제누아즈)를 덮고 다시 크렘 당주 무스 25g을 올린다.

7 거즈를 덮어 모양을 잡은 다음 냉동고에서 굳힌다.

Ⓓ

복숭아 젤 완성 360g(한 번에 만들기 쉬운 분량)

READY

화이트피치 퓌레(브와롱) 22g
루비복숭아 퓌레(카프리) 200g
설탕A 22g, 물 94g
실론시나몬 0.7g
레몬즙 22g
설탕B 19g
아가아가(소사) 4.3g

설탕B와 아가아가는 함께 계량하여 잘 섞어 둔다.

1 냄비에 화이트피치 퓌레, 루비복숭아 퓌레, 설탕A, 물, 실론시나몬, 레몬즙을 담고 45℃로 가열한다.
2 ①에 설탕B와 아가아가를 넣고 끓을 때까지 가열한다.
3 불에서 내려 식힌 다음 냉장고에서 완전히 굳힌다.
4 믹서 또는 핸드블렌더로 곱게 간다.

D-4

[TIP]

1
아가아가(agar-agar)는 한천을 주원료로 만든 분말 겔화제로 약간 부서지기 쉽고 끈기가 없는 것이 특징입니다. 뜨겁게 가열한 재료에 직접 첨가하면 덩어리지기 쉬우므로 입자가 큰 설탕 등과 미리 섞어 분산력을 높여야 합니다. 젤라틴보다 열에 강해 디저트에 넣었을 때 실내 기온이 높아져도 잘 녹지 않는 장점이 있지만, 산미가 강한 액체에 넣으면 응고력이 떨어질 수 있어 주의해야 합니다.

2
아가아가로 만드는 젤 타입의 충전물은 굳힌 다음 곱게 갈아야 의도한 고운 텍스처로 완성됩니다. 양이 너무 적을 경우 곱게 갈기 어렵기 때문에 믹서의 용량을 참고해서 적당한 양을 만들어 충분히 잘 분쇄해서 사용하는 것이 좋습니다.

3
화이트피치 퓌레는 일반적인 복숭아 맛, 루비복숭아 퓌레는 붉은 색을 내거나 자두가 가진 향과 맛을 더하고 싶을 때 사용합니다. 2~3종류의 복숭아 퓌레를 적절히 조합해 원하는 맛과 향을 찾아 보세요.

E-2

천도복숭아 인서트

실리코마트 SF005 몰드 12개 분량(한 번에 만들기 쉬운 분량)

READY

천도복숭아는 깨끗이 씻어 껍질째 작은 조각으로 자른다.

D(복숭아 젤) 120g
천도복숭아 80g

1 곱게 갈아 둔 D(복숭아 젤)와 천도복숭아 조각을
   잘 섞어 실리콘 몰드에 담는다.
2 표면을 정리해서 냉동고에 굳힌 다음 몰드에서
   꺼낸다.

완성

천도복숭아 적당량   1 C(복숭이 그렘 당주 무스)의 기즈를 제기한디.
타임 적당량   2 ①을 접시에 담고 천도복숭아 조각, 타임을 얹어 마무리한다.

GRILLED PEACH & CRUMBLE TART

구운 복숭아&크럼블 타르트

지름 16.5㎝ 타르트 1개 분량

[만드는 순서 & 구성]

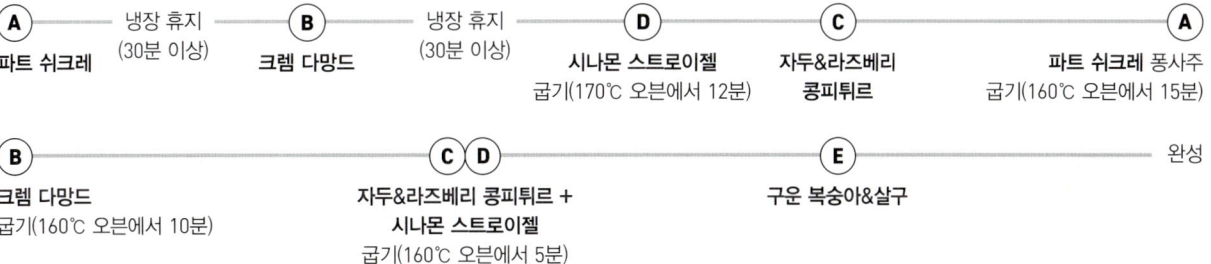

Ⓐ 파트 쉬크레 —— 냉장 휴지 (30분 이상) —— Ⓑ 크렘 다망드 —— 냉장 휴지 (30분 이상) —— Ⓓ 시나몬 스트로이젤 굽기(170℃ 오븐에서 12분) —— Ⓒ 자두&라즈베리 콩피튀르 —— Ⓐ 파트 쉬크레 퐁사주 굽기(160℃ 오븐에서 15분)

Ⓑ 크렘 다망드 굽기(160℃ 오븐에서 10분) —— Ⓒ Ⓓ 자두&라즈베리 콩피튀르 + 시나몬 스트로이젤 굽기(160℃ 오븐에서 5분) —— Ⓔ 구운 복숭아&살구 —— 완성

타르트를 성형해 굽고, 아몬드 크림을 채워 다시 한 번 굽습니다. 크럼블을 미리 준비해 두고 복숭아 잼을 끓여 타르트에 채울 거예요. 하나하나 쌓아 완성하는 이 타르트는 구운 복숭아와 살구, 체리를 올려 마무리합니다. 준비하는 시간 동안의 정성을 그대로 느낄 수 있는 풍성한 타르트, 계절의 선물에 감사하며 만들게 되는 타르트입니다.

파트 쉬크레 완성 약 350g(타르트 3개 분량, 한 번에 만들기 쉬운 분량)

READY

버터 80g
슈거파우더 64g
소금 1.4g
달걀 30g
박력분 176g

버터는 포마드 상태로 준비한다.
타르트 링 안쪽 면에 버터를 칠한다.
모든 재료는 실온 상태로 준비한다.
오븐은 160℃로 예열한다.
박력분은 체 친다.

1 포마드 상태의 버터에 슈거파우더, 소금을 넣고 섞는다.
2 ①에 달걀을 넣고 섞는다.
3 ②에 체 친 박력분을 넣고 자르듯이 섞은 다음 밀가루가 안보이는
  정도가 되면 치대어 뭉친다.
4 한덩어리로 뭉쳐 랩으로 싸고 냉장고에서 30분 이상 휴지시킨다.
5 휴지시킨 반죽을 잠시 냉동고로 옮겨 차갑게 식힌 다음 꺼내서 2㎜ 두께로 밀어 편다.
6 지름 16㎝ 원형의 타르트 바닥, 2×49㎝ 긴 띠 형태의 타르트 옆면으로 각각 재단한다.
7 타르트 링에 재단한 옆면 반죽을 두르고 옆면 반죽과 바닥 반죽이 부착될 부분에
  물을 살짝 바른 다음 바닥 반죽을 링에 퐁사주한다.
8 냉동고에서 10분 이상 휴지한 다음 160℃ 오븐에서 15분 동안 굽는다.

[TIP]
퐁사주(fonçage)는 용기 옆면과 바닥에 반죽을 팬닝하는 작업을 말합니다.

크렘 다망드 완성 약 200g(타르트 2개 분량, 한 번에 만들기 쉬운 분량)

READY

버터 52g
황설탕 47g
달걀 46g
노른자 6g
아몬드파우더 52g
체리 리큐르(키르슈) 5g

모든 재료를 실온 상태로 준비한다.

1 버터에 황설탕을 넣고 거품기로 섞으면서 크림화한다.
2 ①에 달걀과 노른자를 조금씩 넣으면서 거품기로 섞어서 유화시킨다.
3 ②에 아몬드파우더, 체리 리큐르를 넣고 섞어 크렘 다망드를 완성한다.
4 냉장고에 30분 이상 휴지시킨다.

C-3

D-2

E-3

ⓒ

자두&라즈베리 콩피튀르

완성 약 100g(타르트 약 2개 분량, 한 번에 만들기 쉬운 분량)

READY

설탕B와 NH 펙틴은 함께 계량한 다음 잘 섞는다.
자두와 살구는 깨끗이 씻어 껍질째 작은 조각으로 자른다.

자두 **82g**, 살구 **19g**, 살구 퓌레(브와롱) **13g**
라즈베리 퓌레(브와롱) **19g**, 설탕A **19g**
설탕B **9g**, NH 펙틴(소사) **1.3g**, 레몬즙 **6g**

1 냄비에 자두와 살구 조각, 살구 퓌레, 라즈베리 퓌레, 설탕A를
  넣고 불에 올려 45℃ 정도로 데운다.
2 설탕B와 NH 펙틴을 넣고 거품기로 잘 저으면서 가열한다.
3 점도가 생길 때까지 가열한 다음 레몬즙을 넣고
  냉장고에서 식힌다.

Ⓓ

시나몬 스트로이젤

완성 약 340g(개당 약 60g 사용, 한 번에 만들기 좋은 분량)

READY

오븐은 170℃로 예열한다.

버터 **100g**
설탕 **70g**, 박력분 **74g**
아몬드파우더 **126g**
시나몬파우더 **0.8g**

1 모든 재료를 푸드프로세서에 넣고 작은 소보로 상태가
  될 때까지 섞는다.
2 170℃ 오븐에서 12분 동안 굽는다.

E-5

F-1

F-2

<table>
<tr><td>

(E)

구운 복숭아&살구 타르트 1개 분량

READY

천도복숭아는 먹기 좋은 크기로 자른다.
살구와 체리는 씨를 제거하고 반으로 자른다.

설탕 20g, 카놀라유 10g
천도복숭아 137g, 살구 120g, 체리 30g

1 프라이팬에 설탕을 넣고 가열해 갈색이 날 때까지 끓인다.
2 ①에 카놀라유를 넣는다.
3 천도복숭아를 넣고 부드럽게 익을 때까지 가열한 다음
  팬을 불에서 내린다.
4 체리를 넣고 다시 불에 올려 부드럽게 가열한 다음
  팬을 불에서 내린다.
5 살구를 넣고 센 불에 올려 재빨리 가열한 다음 불에서 내린다.

[TIP]

살구는 오래 구우면 과육이 무르기 쉬우니 마지막 단계에서
센 불에 빠르게 구워 내는 것이 좋아요.

</td><td>

(F)

완성

READY

오븐은 160℃로 예열한다.

1 구운 A(피트 쉬크레)에 B(크렘 다망드) 100g을 고르게 올려
  160℃ 오븐에서 10분 동안 굽는다.
2 ①에 C(자두&라즈베리 콩피튀르) 50g을 평평하게 바르고
  구운 D(시나몬 스트로이젤) 60g을 얹은 다음
  다시 160℃ 오븐에서 5분 동안 굽는다.
3 ②의 타르트 위에 E(구운 복숭아&살구)를 얹어 마무리한다.

</td></tr>
</table>

PEACH& ORANGE

복숭아&오렌지

지름 7.5㎝ 스톤형(파보니 PX4321 몰드) 프티 가토 9개 분량

[만드는 순서 & 구성]

Ⓕ — 냉장 휴지 — Ⓐ — 식히기, 재단 — Ⓓ — 냉장고에서 굳히기 — Ⓔ
글레이즈　　　　(6시간)　　　　피스타치오 비스퀴 조콩드　　　　　오렌지 젤　　　　　　　　　　　오렌지 인서트
　　　　　　　　　　　　　　　　굽기(190℃ 오븐에서 9분)

냉동고에서 굳히기 — Ⓑ — Ⓒ — 냉동고에서 굳히기 — Ⓒ Ⓕ — 완성
　　　　　　　　　이탈리안 머랭　복숭아 무스　　　　　　　　　글레이즈
　　　　　　　　　　　　　　　　　　　　　　　　　　　　　무스에 글레이즈 씌우기

복숭아, 오렌지, 피스타치오, 머랭이 들어간 가벼운 복숭아 무스와 오렌지 펄프가 터지는 오렌지 인서트, 그리고 피스타치오 비스퀴로
완성된 프티 가토. 여기에 광택 있는 핑크빛 글레이즈로 마무리합니다. 과일의 향긋함과 가벼운 무스가 깔끔하게 어우러지죠.

A-1 A-2

A-3 A-5

피스타치오 비스퀴 조콩드 39×29㎝ 크기의 1/2 빵팬 1장 분량

READY

슈거파우더 **50g**
아몬드파우더 **44g**
피스타치오파우더 **19g**
박력분 **19g**
달걀 **95g**
피스타치오 페이스트 **16g**
흰자 **82g**
설탕 **38g**
버터 **13g**

가루류(슈거파우더, 아몬드파우더, 피스타치오파우더, 박력분)는 함께 체 친다.
버터는 녹인다 · 1/2 빵팬에 종이 포일을 깔아 둔다.
오븐은 190℃로 예열한다.

1 볼에 가루류(슈거파우더, 아몬드파우더, 피스타치오파우더, 박력분), 달걀을 넣고
　핸드믹서로 뽀얗게 될 때까지 휘핑한다.
2 ①에 피스타치오 페이스트를 섞는다. 이때 피스타치오 페이스트의 제형이 단단하므로
　①의 반죽 일부를 덜어 피스타치오 페이스트에 섞고 다시 본반죽에 되돌려 섞는다.
3 흰자와 설탕으로 부드러운 머랭을 완성한다(p.12 기본 머랭 참조).
4 ②에 녹인 버터를 넣어 섞고 ③의 머랭을 2번에 나누어 섞는다.
5 팬에 붓고 평평하게 펼친 다음 190℃ 오븐에서 9분 동안 굽는다.
6 구워져 나오면 식힘망에 올려 식히고 지름 4.7㎝ 원형 쿠키 커터로 잘라 9개를 준비한다.

이탈리안 머랭 완성 110g(한 번에 만들기 쉬운 분량)

READY

흰자 **60g**
설탕 **90g**
물 **30g**

냄비에 물과 설탕은 함께 계량한다.

1 냄비에 물과 설탕을 넣고 불에 올려 가열한다.
2 ①이 가열되는 **동**안 흰자의 조직이 조밀하고 들어올렸을 때
　부드럽게 위로 쌓이는 느낌이 들 때까지 휘핑한다.
3 ①의 시럽이 118℃가 되면 ②에 조금씩 부으면서 핸드믹서의 고속으로 휘핑한다.
4 시럽이 머랭 안에 잘 퍼져 섞이는 것을 확인하면서 중속으로 낮춰
　머랭이 30℃ 미만으로 식을 때까지 휘핑한다.
5 단단하고 윤기있는 이탈리안 머랭을 완성한다(p.14 이탈리안 머랭 참조).

복숭아 무스 파보니 PX4321 몰드 9개 분량

READY

화이트피치 퓌레(브와롱) 232g

레몬즙 8g

젤라틴매스 33.6.g

생크림 160g

복숭아 리큐르(디종 복숭아) 16g

B(이탈리안 머랭) 37g

이탈리안 머랭을 만들어 분량대로 준비한다.

젤라틴매스(젤라틴 5.6g + 물 28g)를 준비한다(p.16 젤라틴매스 참조).

생크림은 복숭아 리큐르를 넣고 70% 정도 휘핑한다(p.10 생크림 참조).

1 냄비에 화이트피치 퓌레, 레몬즙을 넣고 50℃로 가열한 다음 젤라틴매스를 넣어 녹인다.

2 ①에 휘핑한 생크림을 넣고 거품기로 섞는다.

3 B(이탈리안 머랭)를 가볍게 섞어 복숭아 무스를 완성한다.

4 준비된 몰드에 약 50g씩 짜고 E(오렌지 인서트), A(피스타치오 조콩드 비스퀴)를
순서대로 넣은 다음 윗면을 평평하게 마무리한다.

5 냉동고에서 완전히 굳으면 몰드에서 분리한 다음 사용할 때까지 다시 냉동고에 넣어 둔다.

ⓓ

오렌지 젤 완성 약 130g(전량 사용)

READY

오렌지 주스 90g

물 19g

설탕 24g

아가아가(소사) 0.9g

설탕과 아가아가는 함께 계량하여 잘 섞어 둔다.

1 냄비에 오렌지 주스, 물을 넣고 불에 올려 45℃로 가열한다.

2 ①에 설탕과 아가아가를 넣고 끓을 때까지 가열한다.

3 불에서 내려 식힌 다음 냉장고에서 완전히 굳힌다.

4 믹서 또는 핸드블렌더로 곱게 간다.

[TIP]

1

아가아가(agar-agar)는 한천을 수원료로 만든 분말 겔화제로 약간 무서지기 쉽고 끈기가 없는 것이
특징입니다. 뜨겁게 가열한 재료에 직접 첨가하면 덩어리지기 쉬우므로 입자가 큰 설탕 등과 미리 섞어
분산력을 높여야 합니다. 산미가 강한 액체에 넣으면 응고력이 떨어질 수 있고 젤라틴보다 열에 강하므로
아가아가를 사용한 디저트는 고온의 실온에서도 녹지 않습니다.

2

아가아가로 만드는 젤 타입의 충전물은 굳힌 다음 곱게 갈아야 의도한 고운 텍스처로 완성됩니다.
양이 너무 적을 경우 곱게 갈기 어렵기 때문에 믹서의 용량을 참고해서 적당한 양을 만들어
충분히 잘 분쇄해서 사용하는 것이 좋습니다.

Ⓔ

오렌지 인서트 실리코마트 SF009 몰드 15개 분량

READY

오렌지 세그멍을 준비해 먹기 좋은 크기로 자른다.

D(오렌지 젤) **전량**
오렌지 세그멍 **105g**
만다린 농축액(브와롱) **5g**

1 곱게 간 D(오렌지 젤), 오렌지 세그멍 조각, 만다린 농축액을
　잘 섞는다.
2 실리콘 몰드에 담고 표면을 정리한 다음 냉동고에서 굳힌다.
3 몰드를 제거한다.

[TIP]

세그멍(Segment, 프랑스어) 또는 세그먼트(Segment, 영어)는
시트러스 과일의 껍질과 속껍질을 벗긴 다음 흰 부분이 남지 않도록
과육만 칼로 컷팅해내는 것을 가리킵니다. 최대한 손실없이 과육을
잘 분리하는 것이 중요하답니다.

E-3

Ⓕ

글레이즈 한 번에 만들기 쉬운 분량

READY

물 **100g**
설탕 **200g**
물엿 **200g**
젤라틴매스 **78g**
연유 **100g**
화이트초콜릿 **200g**
(발로나 오팔리스)

젤라틴매스(젤라틴 13g + 물 65g)를 준비한다(p.16 젤라틴매스 참조).

1 냄비에 물과 설탕을 넣고 불에 올려 끓인다.
2 물엿을 넣고 다시 가열한다.
3 젤라틴매스를 넣어 녹인 다음 연유를 넣고 섞는다.
4 화이트초콜릿에 ③을 넣고 핸드블렌더로 기포가 생기지 않도록 주의하여 완벽하게 유화시킨다.

[TIP]

완성된 글레이즈는 냉장고에서 6시간 이상 휴지시켜 사용하는 것이 안정적입니다. 휴지를 하지 않으면
글레이즈가 잘 씌워지지 않을 수 있어요. 되도록 하루 전 작업해서 냉장 휴지한 다음 다음날 다시 가열,
핸드블렌더로 풀어서 사용합니다. 밀폐용기에 담아 냉장 보관하면 15일 정도 사용할 수 있습니다.

F-4

G-1

Ⓖ

완성 한 번에 만들기 쉬운 분량

오렌지 세그먼트 **9개**
천도복숭아 조각 **18개**
식용 금박 **약간**

1 냉동고에서 꺼낸 C(복숭아 무스) 위에 35℃로 조절한 F(글레이즈)를 씌운다.
2 오렌지 세그먼트, 천도복숭아, 식용 금박으로 장식한다.

PEACH LATTE

복숭아 라떼

400㎖ 음료컵 약 6잔 분량

[만드는 순서 & 구성]

(A)ㅡㅡㅡㅡㅡㅡㅡㅡㅡ 냉장 숙성 ㅡㅡㅡㅡㅡㅡㅡㅡㅡ 복숭아 준비 ㅡㅡㅡㅡㅡㅡㅡㅡㅡ 완성
복숭아 음료 베이스   (1일)

복숭아 제품을 많이 만드는 계절이면 여러 이유로 복숭아가 남는 경우가 있어요. 이럴 땐 생복숭아를 듬뿍 넣어 복숭아 우유를 만들어 먹는답니다. 쉽고 간단하면서도 누구나 맛있게 먹을 수 있어서 좋아요. 복숭아 음료 베이스를 만들어 두면 이 레시피처럼 라떼로 활용 해도 좋고 탄산수를 더해 에이드로 즐겨도 좋습니다.

A-1

B-READY

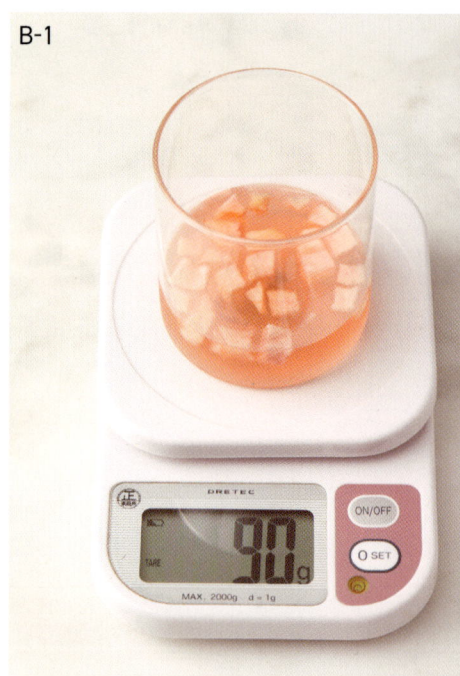

B-1

B-2

B-3

B-4

(A)

복숭아 음료 베이스 완성 약 6잔 분량(컵당 약 90g 사용)

READY
___

복숭아 **290g**
설탕 **190g**
복숭아 시럽 **49g**
그레나딘 시럽 **6g**
레몬즙 **4g**

복숭아는 단단한 것으로 골라 껍질을 제거하고 작은 조각으로 자른다.

1 모든 재료를 잘 섞어 냉장고에 하룻밤 숙성시킨다.
2 설탕이 완전히 녹고 전체적으로 잘 섞이면 사용한다.

[TIP]

1
완성된 베이스는 냉장고에 일주일 정도 두고 사용할 수 있습니다.

2
그레나딘 시럽(Grenadine syrup)은 아주 진한 붉은 색의 석류 시럽입니다. 알코올은 전혀
포함되어 있지 않고 향도 거의 없습니다. 여기서는 복숭아를 핑크색으로 물들이는데 사용합니다.

(B)

완성

READY
___

복숭아 **약 2개**
얼음 **900g**
우유 **130g**
타임 **약간**

복숭아는 껍질을 제거하고 조각으로 자른다.

1 400㎖ 음료컵에 A(복숭아 음료 베이스) 90g씩을 담는다.
2 얼음을 컵 가득(약 150g) 넣는다.
3 우유 130g씩을 넣고 저어서 우유와 베이스가 적당히 섞이도록 한다.
4 조각 낸 복숭아를 올리고 타임으로 장식한다.

망고 위크

MANGO
WEEK

망고는 언젠가 꼭 시즌 디저트 이벤트를 진행해 보고 싶은 과일 중 하나입니다. 열대과일 특유의 달콤한 향과 부드러운 식감이 디저트에 꽤 잘 어울리거든요. 망고는 우리나라 사람들이 좋아하고 여름 빙수로 익숙한 과일이기도 해서 여름의 과일 디저트 이벤트로 좋을 것 같아요. 그래서 이번 망고를 콘셉트로 하는 디저트는 여름을 타깃으로 하려고 합니다 코코넛이나 패션프루츠를 더하고 식감 좋은 젤리를 가볍게 활용하거나 아이스크림을 만들어 보는것도 좋을 거예요. 언젠가 해피해피케이크 디저트숍에서도 선보일 수 있으면 좋겠습니다.

망고가 맛있는 계절

바나나에 이어 세계 열대과일 생산량 2위를 차지한다는 망고. 우리나라에 수입되는 망고는 붉은색을 띤 애플망고와 흔히 필리핀 또는 태국 망고로 불리는 노란색 망고로 구분됩니다. 필리핀, 태국, 남미, 호주 등에서 수입되며 일 년 내내 구입할 수 있지만 5~10월 사이가 가장 가격이 저렴하고 맛도 좋아요. 제주, 부여 등에서 생산되는 국산 애플망고는 4~7월이 제철입니다. 국산 애플망고는 당도와 향기, 식감이 매우 뛰어나 빙수는 물론 디저트 재료로도 각광받고 있습니다.

망고 선택하기

색과 향이 진한 것이 좋고 검은 반점, 흉터가 없는 것을 고릅니다. 표면은 매끄러워야 하고요. 그리고 가운데 커다란 씨가 있기 때문에 작은 것보다는 큰 것이 과육이 많아요. 손으로 눌러 봤을 때 살짝 탄력이 느껴지면서 말랑한 것은 바로 사용할 수 있어요. 슈가스팟이라고 하는 작은 갈색 점들이 나타나면 아주 잘 익은 망고라서 그냥 먹기에는 좋지만 디저트에 사용하면 빨리 물러질 수 있어요.

망고 응용하기

[생과일] 충분히 후숙되어 향과 식감이 좋을 때 사용하는 것이 좋습니다. 해피해피케이크에서는 식감이 더 탱글하고 향이 좋은 애플망고를 주로 쓰고 있습니다.

[냉동 과일, 퓌레] 망고로 잼을 만들 때는 생과보다는 냉동 망고가 효율적입니다. 망고는 과일 퓌레로도 쉽게 구할 수 있기 때문에 무스 등에는 퓌레를 활용합니다. 코코넛, 패션프루츠, 파인애플 등도 냉동 과일이나 퓌레 형태로 함께 많이 사용합니다.

[리큐르] 이 책에서는 패션프루츠 리큐르와 코코넛 리큐르 등을 망고와 함께 사용하여 향을 더했습니다.

망고 보관하기

망고는 열대과일이라서 실온에 보관하는 것이 좋습니다. 디저트에는 약간 단단한 것을 구입해 2~3일 적당하게 익혀 사용합니다. 덜 익은 망고는 실온에서 숙성시키고, 익은 망고는 한 개씩 신문지로 감싸 비닐봉투에 넣어 냉장 보관하는 것이 좋습니다.

망고와 잘 어울리는 재료

파인애플
패션프루츠
코코넛

MANGO&
COCONUT
MACARON

망고&코코넛 마카롱

지름 약 4㎝ 마카롱 약 40개 분량

[만드는 순서 & 구성]

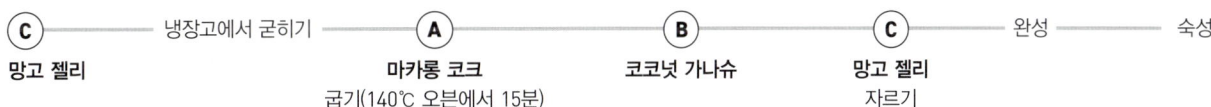

| Ⓒ | ──── 냉장고에서 굳히기 ──── | Ⓐ | | Ⓑ | | Ⓒ | ── 완성 ── | 숙성 |

망고 젤리   마카롱 코크   코코넛 가나슈   망고 젤리
굽기(140℃ 오븐에서 15분)   자르기

마카롱 필링을 만들 때 가장 중요한 건 마카롱의 숙성 정도를 조절할 수 있는 필링의 수분량이라고 생각합니다. 수분이 많은 필링은 마카롱을 너무 축축하게 하고, 수분이 적은 필링은 완성된 마카롱의 식감을 너무 단단하게 할 수 있기 때문입니다. 가나슈는 마카롱 필링으로 가장 적합한 필링이라고 생각해요. 코크를 적당히 부드럽게 만들지만 단단하게 굳고 입 안에서는 부드럽게 녹으니까요. 코코넛 가나슈를 만들어 마카롱에 담고 그 사이에는 망고 젤리를 넣었습니다. 쫀득한 젤리는 마카롱의 식감과 맛의 포인트가 됩니다.

마카롱 코크 지름 약 4㎝ 마카롱 코크 약 80개 분량

READY

가루류(아몬드파우더, 슈거파우더)는 함께 체 친 다음
반으로 나눠 볼에 각각 담는다(두 가지 색의 코크를 만들기 위함).
지름 4㎝ 원형의 패턴 용지를 테프론 시트 아래에 깔아 준비한다.
오븐은 140℃로 예열한다.

아몬드파우더 **200g**	
슈거파우더 **200g**	
흰자A **72g**	
흰자B **72g**	
설탕A **30g**	
물 **50g**	
설탕B **170g**	
식용 색소(노랑) **약간**	
코코넛파우더 **약간**	

1 가루류를 나눠 담은 볼에 흰자A를 각각 반씩(36g) 섞어 페이스트 상태로 만든다.
   반죽 하나에는 식용 색소를 넣어 색을 낸다.
2 믹서볼에 흰자B, 설탕A를 넣고 가볍게 휘핑한다.
3 냄비에 설탕B와 물을 담고 불에 올려 118℃까지 끓인다.
4 ②에 ③을 조금씩 넣으면서 고속으로 휘핑한다.
5 ④가 식을 때까지 단단하게 휘핑하면서 이탈리안 머랭을 완성한다
   (p.14 이탈리안 머랭 참조).
6 완성된 이탈리안 머랭을 반으로 나눠 ①의 페이스트와 각각 섞는다.
7 주걱을 이용해 반죽을 매끄럽게 흐르는 상태로 마카로나주한다.
8 1㎝ 원형 모양깍지를 끼운 짤주머니에 두 반죽을 각각 담고 지름 4㎝ 원형으로 짠다.
9 흰색 코크에 코코넛파우더를 뿌린다.
10 두 종류의 코크를 실온에서 30분 동안 건조시킨 다음 140℃ 오븐에서 15분 동안 굽는다.

[TIP]

마카로나주(macaronage)는 반죽을 주걱으로 누르듯이 섞어 거품을 꺼뜨리는 작업입니다.
마카로나주가 완료된 반죽은 질감이 부드럽고 표면이 매끄러우면서 윤기가 나야합니다.
마카로나주를 할 때 양이 적을 경우에는 주걱, 양이 많은 경우에는 스크레이퍼를
사용하는 것이 편리합니다.

코코넛 가나슈 마카롱 약 40개 분량

코코넛 퓌레(브와롱) **34g**, 물엿 **17g**	
화이트초콜릿(발로나 오팔리스) **72g**	
버터 **34g**, 코코넛 리큐르 **7g**	
코코넛파우더 **20g**	

1 냄비에 코코넛 퓌레, 물엿을 넣고 불에 올려 끓기 전까지 가열한다.
2 화이트초콜릿에 ①을 넣고 핸드블렌더로 유화시킨다.
3 ②에 버터를 넣고 섞은 다음 코코넛 리큐르를 넣고 핸드블렌더로 유화시킨다.
4 코코넛파우더를 넣고 섞는다.

C-3 C-4 C-5

Ⓒ

망고 젤리 12×12㎝ 사각 틀 1개 분량(마카롱 약 64개 분량)

READY

망고 퓌레(브와롱) **50g**	젤리용 펙틴과 설탕A는 함께 계량한다.
패션프루츠 퓌레(브와롱) **35g**	12×12㎝ 사각 틀에 테프론 시트를 재단하여 깔아 둔다.
젤리용 펙틴 **8g**	
설탕A **20g**	1 냄비에 망고 퓌레, 패션프루츠 퓌레를 넣고 불에 올려 따뜻해질 때까지 가열한다.
설탕B **80g**	2 젤리용 펙틴과 설탕A를 넣고 거품기로 섞은 다음 설탕B를 넣고 다시 잘 섞는다.
물엿 **19g**	3 주걱으로 저으면서 104℃까지 끓여 젤리를 완성한다.
	4 준비한 틀에 젤리를 붓고 냉장고에서 굳힌다.
	5 단단해지면 필요한 크기로 자른다.

[TIP]

펙틴은 식물의 세포막을 구성하는 성분으로 과일 껍질이나 과육에 많이 포함되어
있으며 응고제, 안정제 용도로 사용됩니다. 이 레시피의 젤리용 펙틴은 고메톡실(HM)
펙틴으로 단단한 타입의 젤리를 만들 때 사용합니다. 펙틴의 종류에 따라 응고되는
정도와 겔화 조건이 다르기 때문에 꼭 젤리용 펙틴인지 확인하도록 합니다.

D-1

D-2

<table>
<tr><td>ⓓ</td></tr>
</table>

완성

코코넛파우더 **약간**

1 A(마카롱 코크)에 B(코코넛 가나슈)를 **튜브** 형태로 짜고 C(망고 젤리)를
  가운데 1개씩 올린다.

2 다른 색의 A(마카롱 코크)를 덮고 마카롱 옆면의 B(코코넛 가나슈) 부분에
  코코넛파우더를 묻힌다.

[TIP]

완성된 마카롱은 부드러운 식감을 위해 밀폐용기에 담아 냉장고에서 24시간 숙성시킵니다.

MANGO DACQUOISE TART

망고 다쿠아즈 타르트

7×7㎝ 타르트형 케이크 6개 분량

[만드는 순서 & 구성]

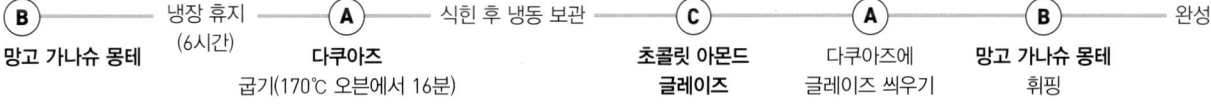

B ─── 냉장 휴지 ─── **A** ─── 식힌 후 냉동 보관 ─── **C** ─── **A** ─── **B** ─── 완성

B	(6시간)	A		C	A	B	
망고 가나슈 몽테		다쿠아즈		초콜릿 아몬드	다쿠아즈에	망고 가나슈 몽테	
		굽기(170℃ 오븐에서 16분)		글레이즈	글레이즈 씌우기	휘핑	

해피해피케이크에서는 다쿠아즈와 과일을 활용한 케이크를 시즌마다 만들고 있어요. 타르트와 같은 구조의 이 다쿠아즈는 간단하지만 고소하고 가벼울 뿐만 아니라 과일과도 잘 어울려져 인기가 많답니다. 이번에는 다쿠아즈에 망고 가나슈 몽테와 망고를 사용했지만 좋아하는 과일과 크림으로 다양하게 활용할 수 있는 레시피입니다.

A-1

A-2

A-3

A-4

다쿠아즈 7×7㎝ 모서리가 둥근 정사각 타르트 틀(파보니) 6개 분량

READY

흰자 **100g**
설탕 **30g**
난백파우더(소사 알부미나) **1.2g**
아몬드파우더 **55g**
슈거파우더 **23g**
박력분 **18g**

찬물과 모양 틀을 준비한다.
흰자는 냉장 상태로 차갑게 준비한다.
설탕과 난백파우더는 잘 섞는다.
가루류(아몬드파우더, 슈거파우더, 박력분)는 함께 체 친다.
오븐은 170℃로 예열한다.

1 흰자에 함께 섞은 설탕과 난백파우더를 3번에 나누어 넣으면서 단단한 머랭을 만든다
   (p.12 기본 머랭 참조).
2 ①에 체 친 가루류를 한꺼번에 넣고 주걱으로 자르듯이 섞는다.
3 준비한 모양 틀을 찬물에 담갔다가 빼 물을 털어 낸 다음
   테프론 시트 위에 올리고 ②의 반죽을 채운다.
4 윗면을 평평하게 고르고 틀을 제거한다. 이 과정을 반복해 6개를 완성한다.
5 반죽 윗면에 슈거파우더(분량 외)를 뿌리고 170℃ 오븐에서 16분 동안 굽는다.
6 다쿠아즈가 식으면 냉동고에 1시간 이상 냉동한다.

[TIP]

1
난백파우더는 머랭에 안정성을 더하기 위해 사용합니다. 이 레시피의 경우 당도 조절을 위해 머랭의
설탕량을 줄였기 때문에 완성된 머랭의 안정성이 다소 떨어질 수 있으므로 난백파우더로 보완했습니다.
난백파우더는 설탕과 미리 섞어 두고 사용해야 나머지 재료에 잘 퍼져 따로 굳는 것을 방지할 수 있습니다.

2
구운 다쿠아즈는 냉동고에서 1시간 이상 충분히 식힌 다음 초콜릿 아몬드 글레이즈를 씌워야
빠르게 잘 굳습니다. 남은 다쿠아즈는 밀폐용기에 담아 냉동 보관하면 2주 정도 사용 가능합니다.

B-4

C-2

D-1

(B)

망고 가나슈 몽테 완성 약 210g(약 6개 분량)

READY

젤라틴매스(젤라틴 1.2g + 물 6g)를 준비한다(p.16 젤라틴매스 참조).
패션초콜릿과 화이트초콜릿은 함께 계량하여 녹인다.

망고 퓌레(브와롱) 27g, 젤라틴매스 7.2g
패션초콜릿(발로나 패션인스피레이션) 26g
화이트초콜릿(발로나 오팔리스) 25g, 생크림 128g
패션프루츠 리큐르(디종 패션후르츠) 3g, 레몬즙 3g

1 냄비에 망고 퓌레를 넣고 불에 올려 가열한 다음
  젤라틴매스를 넣어 녹인다.
2 녹인 패션초콜릿과 화이트초콜릿에 ①을 더해 잘 유화시킨다.
3 ②에 생크림, 패션프루츠 리큐르, 레몬즙을 넣고
  핸드블렌더로 완벽하게 유화시킨다.
4 6시간 이상 냉장고에 휴지시켜 휘핑한 다음
  지름 1㎝ 시폰 모양깍지를 넣은 짤주머니에 담는다.

(C)

초콜릿 아몬드 글레이즈 한 번에 만들기 쉬운 분량

READY

화이트초콜릿은 녹인다 · 아몬드분태는 170℃ 오븐에서
8분 정도 구운 다음 식힌다.

화이트초콜릿(발로나 오팔리스) 150g
카놀라유 40g, 아몬드분태 40g

1 녹인 화이트초콜릿에 카놀라유를 넣고 핸드블렌더로 잘 유화시킨다.
2 ①에 구운 아몬드분태를 넣고 섞는다.
3 상온에 두고 25℃에서 사용한다.

D-2

Ⓓ

완성

READY

망고 **적당량**   망고는 껍질을 제거하고 큐브 모양으로 자른다.

1 냉동 상태의 A(다쿠아즈)에 C(초콜릿 아몬드 글레이즈)를 씌운다.
2 ①에 D(망고 기나슈 몽테)를 개당 약 35g씩 짠다.
3 망고를 얹이 미무리한디.

MANGO PINEAPPLE& CAMEMBERT ICE CREAM

망고 파인&카망베르 아이스크림

완성 약 860g

[만드는 순서 & 구성]

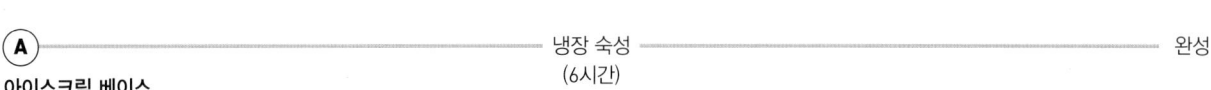

Ⓐ ─────────────────── 냉장 숙성 ─────────────────── 완성
아이스크림 베이스   (6시간)

상큼하고 달콤한 망고와 파인애플의 적당한 산미, 씹히는 식감이 카망베르 아이스크림과 맛있게 어우러집니다. 망고와 파인애플은 생과일이나 퓌레 말고도 이렇게 건과일 형태로도 활용이 가능한데요, 맛이 농축된 건과일을 아이스크림에 포인트로 사용할 수 있어요. 간단하지만 누구나 맛있게 즐길 수 있는 레시피입니다.

우유 300g, 설탕 75g
카망베르치즈 120g
생크림 220g, 건조 망고 70g
건조 파인애플 20g
패션프루츠 리큐르 30g
(디종 패션후르츠)
아몬드 슬라이스 28g

Ⓐ

아이스크림 베이스 완성 약 860g(한 번에 만들기 쉬운 분량)

READY

건조 망고, 건조 파인애플은 패션프루츠 리큐르와 섞어 하룻동안 불린다.
아몬드 슬라이스는 170℃ 오븐에서 8분 정도 구워 둔다.
아이스크림(소르베) 냉각용 용기를 냉동고에 얼려 둔다.

1 냄비에 우유, 설탕, 카망베르치즈를 넣고 불에 올려 80℃까지 가열한다.
2 카망베르치즈가 부드러워지면 ①을 핸드블렌더로 곱게 간다.
3 ②에 생크림을 넣어 섞고 냉장고에서 6시간 이상 숙성시킨다.
4 아이스크림 머신에 넣어 아이스크림 형태로 완성한다.
5 마지막 단계에 리큐르에 불린 건조 과일과 아몬드 슬라이스를 넣고 가볍게 섞는다.
6 완성된 아이스크림은 용기에 담아 냉동고에 보관한다.

Ⓑ

완성

READY

망고, 아몬드 슬라이스 **약간**

망고는 껍질을 제거하고 큐브 모양으로 자른다.

1 냉동고에서 굳힌 A(아이스크림 베이스)를 아이스크림 스쿱으로 떠서
   서빙 볼에 담는다.
2 망고, 아몬드 슬라이스 등을 얹어 마무리한다.

[TIP]

첨가제가 들어가지 않고 가정용 아이스크림 기기로 만든 아이스크림은
냉동고에서 꺼냈을 때 다소 단단하게 느껴질 수 있습니다.
잠시 실온에 두어 부드러워지면 아이스크림 스쿱으로 떠서 사용합니다.

MANGO PASSION TART

망고 패션 타르트

지름 7.5cm 타르트 6개 분량

[만드는 순서 & 구성]

A 파트 쉬크레 — 냉장 휴지 (30분 이상) — **B** 망고 쿨리 — 냉동고에서 굳히기 — **D** 패션 글레이즈 — **A** 파트 쉬크레 퐁사주 굽기(160℃ 오븐에서 17분) — **C** 망고 크림 — 냉장고에서 굳히기 (2시간) — 완성

타르트는 과일을 표현하기 참 좋은 형태의 디저트라고 생각합니다. 타르트라는 그릇에 원하는 건 무엇이든지 담아낼 수 있으니까요. 생과일을 그대로 올려도 좋지만 이번에는 맛있는 망고크림을 가득 담아보려 합니다. 심플한 형태의 타르트지만 망고를 그대로 가득 담은 진한 맛의 타르트입니다.

파트 쉬크레 완성 약 350g(한 번에 만들기 쉬운 분량)

READY

버터 80g
슈거파우더 64g
소금 1.4g
달걀 30g
박력분 176g

버터는 포마드 상태로 준비한다 · 박력분은 체 친다.
타르트 링 안쪽 면에 버터를 칠한다 · 모든 재료를 실온 상태로 준비한다.
오븐은 160℃로 예열한다.

1 포마드 상태의 버터에 슈거파우더, 소금을 넣고 섞다가 달걀을 넣고 섞는다.
2 ①에 체 친 박력분을 넣고 자르듯이 섞은 다음 밀가루가 안보이는 정도가 되면 치대어 뭉친다.
3 한덩어리로 뭉쳐 랩으로 싸고 냉장고에서 30분 이상 휴지시킨다.
4 휴지시킨 반죽을 잠시 냉동고로 옮겨 차갑게 식힌 다음 꺼내서 2㎜ 두께로 밀어 편다.
5 지름 7㎝ 원형의 타르트 바닥, 2×23.5㎝ 긴 띠 형태의 타르트 옆면으로 각각 재단한다.
6 타르트 링에 재단한 옆면 반죽을 두르고 옆면 반죽과 바닥 반죽이 부착될 부분에
　물을 살짝 바른 다음 바닥 반죽을 링에 퐁사주한다.
7 냉동고에서 10분 이상 휴지한 다음 160℃ 오븐에서 10분, 링을 제거하고
　160℃에서 7분 더 굽는다. 구워진 셸은 밀폐용기에 담아 냉동 보관할 수 있다.
8 바로 사용한다면 오븐에서 꺼내 반죽이 뜨거운 상태에서 셸 안쪽에 흰자(분량 외)를 얇게 바른다.
　냉동 상태라면 사용할 때 셸 안쪽에 흰자를 얇게 바른 다음 140℃ 오븐에서 5분 정도 구워
　건조시킨다. 흰자를 바르면 막이 형성되어 바삭함을 오래 유지할 수 있다.

[TIP]
퐁사주(fonçage)는 용기 옆면과 바닥에 반죽을 팬닝하는 작업을 말합니다.

망고 쿨리 실리코마트 SF028 몰드 12개 분량

READY

패션프루츠 퓌레(브와롱) 32g
망고 퓌레(브와롱) 24g
라임 퓌레(브와롱) 6g
설탕 11g, 젤라틴매스 6g
건조 망고 50g
패션프루츠 리큐르 15g
(디종 패션후르츠)

젤라틴매스(젤라틴 1g + 물 5g)를 준비한다(p.16 젤라틴매스 참조).
건조 망고는 패션프루츠 리큐르에 6시간 이상 불린다.

1 냄비에 패션프루츠 퓌레, 망고 퓌레, 라임 퓌레, 설탕, 젤라틴매스를 담고
　불에 올려 60℃로 가열하여 젤라틴을 녹인다.
2 ①을 체에 내린 다음 실리콘 몰드에 7g씩 담는다.
3 불려 둔 건조 망고를 5~6g씩 올리고 냉동고에서 굳힌다.

C-2

C-4 C-5

Ⓒ

망고 크림 완성 약 330g(타르트 약 6개 분량)

READY

망고 퓌레(브와롱) 72g

패션프루츠 퓌레(브와롱) 27g

라임 제스트 1g

달걀 90g

설탕 68g

젤라틴매스 10.8g

버터 113g

젤라틴매스(젤라틴 1.8g + 물 9g)를 준비한다(p.16 젤라틴매스 참조).

버터는 실온 상태로 준비한다.

1 냄비에 망고 퓌레, 패션프루츠 퓌레, 라임 제스트를 넣고 불에 올려 끓기 전까지 가열한다.

2 볼에 달걀, 설탕을 넣고 거품기로 섞은 다음 ①을 넣고 잘 섞는다.

3 ③을 다시 냄비에 넣고 점도가 생길 때까지 거품기로 저으면서 가열한다.

4 젤라틴매스를 넣고 녹인 다음 체에 내린다.

5 25~30℃ 정도로 식으면 버터를 넣고 핸드블렌더로 유화시킨다.

6 냉장고에서 2~3시간 정도 휴지시켜 크림이 단단해지면 주걱으로 풀어서 짤주머니에 담는다.

D

패션 글레이즈

READY

미루아르 **100g**

패션프루츠 리플잼 **12g**

(앤드로스)

패션프루츠 리플잼은 체에 내려 패션프루츠 씨를 제거한다.

1 미루아르, 리플잼을 잘 섞은 다음 짤주머니에 담는다.

E

완성

패션프루츠 씨 **적당량**

망고 조각 **적당량**

1 구운 A(파트 쉬크레)에 C(망고 크림)를 반 정도 채우고 가운데가 오목하게 다듬는다.

2 냉동고에서 굳힌 B(망고 쿨리)를 넣고 다시 C(망고 크림)를 채운 다음 윗면을 평평하게 정리한다.

3 D(패션 글레이즈)를 타르트 표면에 얇게 짜고 패션프루츠 씨를 얹어 완성한다.

MANGO COOKIE CHOUX

망고 쿠키슈

지름 7cm 쿠키슈 약 6개 분량

[만드는 순서 & 구성]

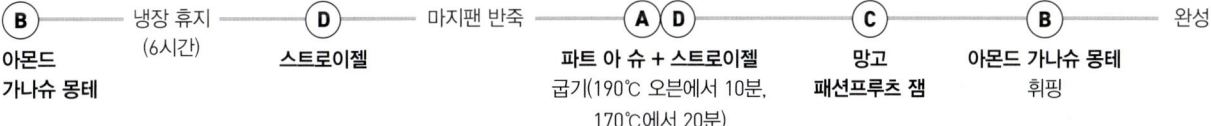

B	냉장 휴지	D	마지팬 반죽	A D	C	B	완성
아몬드 가나슈 몽테	(6시간)	스트로이젤		파트 아 슈 + 스트로이젤 굽기(190℃ 오븐에서 10분, 170℃에서 20분)	망고 패션프루츠 잼	아몬드 가나슈 몽테 휘핑	

망고와 파인애플, 열대 과일의 맛을 담은 잼은 다양하게 활용할 수 있어요. 이번에는 쿠키슈에 아몬드 가나슈 크림과 망고 패션프루츠 잼을 함께 채워 넣었습니다. 간단하지만 맛있는 레시피로, 바삭한 쿠키슈에 부드러운 크림과 달콤한 망고 패션프루츠 잼을 한 번에 즐겨주세요.

파트 아 슈 지름 7㎝ 슈 약 12개 분량(한 번에 만들기 쉬운 분량)

READY

물 35g	물, 우유 버터, 소금은 냄비에 함께 계량한다.
우유 35g	박력분은 체 친다 · 모든 재료는 실온 상태로 준비한다.
버터 35g	달걀은 잘 풀어 둔다 · 쿠키슈용 D(스트로이젤)를 준비한다.
소금 1g	오븐은 200℃로 예열한다.
박력분 60g	
달걀 약81g	

1 냄비에 물, 우유, 버터, 소금을 넣고 불에 올려 가운데 부분이 충분히 끓어오를 때까지 가열한다.

2 불을 끄고 체 친 박력분을 한꺼번에 넣고 반죽 표면이 매끄럽게 될 때까지 나무주걱으로
  치대듯이 섞는다.

3 다시 불에 올려 가열하면서 냄비 바닥에 하얀 막이 생길 때까지 반죽을 충분히 치댄다.

4 ③을 볼에 옮겨서 60℃ 정도로 식을 때까지 젓는다.

5 달걀을 조금씩 넣으면서 주걱으로 섞는다.

6 반죽을 들어올려 긴 삼각형 형태로 매끄럽게 떨어질 때까지 달걀을 더해가며 섞는다.

7 완성된 반죽은 짤주머니에 담아 지름 4㎝ 크기의 원형으로 짜고 표면에 물을 분사한다.

8 준비해 둔 D(스트로이젤)를 얹어 190℃ 오븐에서 10분, 170℃로 온도를 낮춰 20분 동안 굽는다.

[TIP]

1
공정 ③에서 반죽을 다시 불에 올려 저어주는 것은 전분의 호화를 위한 과정입니다. 호화가 잘 된 반죽은
끈기가 생겨 오븐에서 반죽이 부풀 때 표면이 터지지 않고 슈 안에 커다란 공간을 만들어 줍니다.

2
공정 ④에서 반죽이 뜨거운 상태에서 바로 달걀을 넣게 되면 부분적으로 익을 수 있기 때문에
60℃ 정도로 식히는 과정이 필요합니다.

3
공정 ⑤에서 실온 상태의 달걀을 사용합니다. 차가운 달걀은 반죽 온도를 떨어뜨려 되직하게 되므로
정확한 최종 반죽의 농도를 확인하기 어렵습니다.

4
공정 ⑥에서 전분의 호화와 수분의 증발 상태에 따라 마지막에 넣는 달걀의 양은 가감할 수 있습니다.
반죽의 상태를 확인하면서 달걀의 양을 조절하여 상태를 맞춥니다. 레시피의 분량은 평균 정도로
표기해 두었습니다.

B-4   C-3

D-2   D-3

Ⓑ
아몬드 가나슈 몽테 완성 약 360g(6개 분량)

READY

생크림A **81g**
젤라틴매스 **12g**
화이트초콜릿 **36g**
(발로나 오팔리스)
아몬드초콜릿 **45g**
(발로나 아몬드인스피레이션)
생크림B **188g**
핵과류 리큐르(아마레토) **3g**

젤라틴매스(젤라틴 2g + 물 10g)를 준비한다(p.16 젤라틴매스 참조).
화이트초콜릿과 아몬드초콜릿은 함께 계량하여 섞어 녹인다.

1 냄비에 생크림A를 넣고 가열한 다음 젤라틴매스를 넣어 녹인다.
2 함께 녹인 아몬드초콜릿과 화이트초콜릿에 ①을 넣고 잘 유화시킨다.
3 ②에 생크림B, 핵과류 리큐르를 넣고 핸드블렌더로 완벽하게 유화시킨다.
4 6시간 이상 냉장고에 휴지한 다음 휘핑한다.
5 지름 1㎝ 별 모양깍지(no. 506)를 넣은 짤주머니에 담는다.

[TIP]
아마레토(Amaretto)는 살구씨, 복숭아씨, 아몬드 등 핵과류 씨앗을 주원료로 하는
이탈리아의 증류주입니다. 특유의 달콤한 맛과 아몬드 향이 강해 호불호가 갈리지만
디저트의 풍미를 높여준다는 면에서는 이견이 없답니다.

Ⓒ
망고 패션프루츠 잼
완성 약 460g(쿠키슈 1개당 20g 사용, 한 번에 만들기 쉬운 분량)

READY

냉동 파인애플 **200g**
냉동 망고 **150g**
패션프루츠 퓌레 **70g**
(씨 있는 것, 카프리)
물엿 **23g**
설탕A **150g**
설탕B **15g**
NH 펙틴(소사) **2g**
레몬즙 **8g**

냉동 파인애플, 냉동 망고, 패션프루츠 퓌레, 물엿, 설탕A를 함께 계량하여
냉장고에서 하루 정도 해동시킨다.
설탕B와 NH 펙틴은 함께 계량하여 잘 섞어 둔다.

1 냄비에 미리 계량해 둔 냉동 과일과 퓌레, 설탕A, 물엿을 담고
   불에 올려 미지근하게 데운다.
2 ①이 45℃ 정도 되면 설탕B와 펙틴을 넣고
   당도 기준 55브릭스(Brix)가 될 때까지 가열한다.
3 레몬즙을 넣고 마무리한다.

E-READY

E-1

Ⓓ

스트로이젤 쿠키슈용 쿠키 반죽(한 번에 만들기 쉬운 분량)

READY

버터 120g
설탕 100g
박력분 100g

모든 재료는 냉장 보관하여 차가운 상태로 준비한다.

1 푸드프로세서에 모든 재료를 넣고 한덩어리가 되도록 반죽한다.
2 2장의 테프론 시트 사이에 반죽을 넣고 2㎜ 두께로 밀어 편 다음 냉동고에서 굳힌다.
3 지름 4㎝ 원형 쿠키 커터로 자르고 냉동고에 보관한다.

[TIP]

완성된 스트로이젤은 밀폐용기에 넣어 냉동고에 2주 동안 보관 가능하며 필요할 때
냉동 상태로 꺼내 사용합니다.

E-2

E-3

Ⓔ

완성

READY

마지팬(아몬드 함량 22%) **적당량**
식용 색소(노랑) **약간**
미루아르 **적당량**

마지팬에 색소를 적당량 섞어 2㎜ 두께로 민 다음 원형 커터로 잘라서 준비한다.

1 완성된 A(파트 아 슈)의 위에서 1/3 부분을 자르고
   뚜껑이 되는 반죽은 원형 쿠키 커터로 가장자리를 정리한다.
2 A(파트 아 슈) 안에 B(아몬드 가나슈 몽테) 20g을 채우고 가운데
   C(망고 패션프루츠 잼) 12g을 담는다.
3 다시 가장자리에 B(아몬드 가나슈 몽테)를 크림을 쌓듯이 둥글게 짜고
   가운데 잼 8g을 더 담는다.
4 A(파트 아 슈)의 뚜껑 반죽을 덮고 마지팬 반죽을 올린 다음
   마지팬에 미루아르를 발라 마무리한다.

MANGO
COCONUT BISCUIT
&MANGO PASSION JAM

망고 코코넛 비스킷&망고 패션 잼

약 7cm 크기의 비스킷 약 8개 분량

[만드는 순서 & 구성]

B ──────────────────── **A** ──────────────── 완성

망고 패션프루츠 잼　　　　　　　　**망고 코코넛 비스킷**
　　　　　　　　　　　　　　　　굽기(180℃ 오븐에서 17분)

매일 여러 디저트를 만들지만 빠르게, 그리고 자주 만드는 디저트를 꼽으면 스콘이나 비스킷이 아닐까 해요. 툭툭 편하게 만들어서 반죽 그대로 냉동해 두었다가 출출할 때 바로 구워 먹기 참 좋거든요. 코코넛과 파인애플, 망고를 넣은 달콤한 비스킷에 개인적으로 제일 좋아하는 망고 패션프루츠 잼을 쓱쓱 발라 먹으면 고소하고 향긋한 맛이 입 안을 가득 채웁니다.

A-READY

A-1

A-2

Ⓐ

망고 코코넛 비스킷 약 7㎝ 크기의 비스킷 약 8개 분량

READY
___

박력분 200g	모든 재료는 냉장 보관하여 차가운 상태로 준비한다.
설탕 35g	우유, 건조 파인애플, 건조 망고는 함께 계량해 섞은 다음 30분 이상 불린다.
소금 2g	코코넛롱은 150℃ 오븐에서 8분 정도 구워 둔다.
베이킹파우더 5g	
버터 90g	1 푸드프로세서에 박력분, 설탕, 소금, 베이킹파우더, 버터를 넣고
달걀 48g	버터가 작은 쌀알 크기 정도가 될 때까지 섞는다.
우유 45g	2 ①에 달걀을 넣고 작은 소보로 상태가 될 때까지 푸드프로세서로 섞는다.
건조 파인애플 25g	3 볼에 옮겨 담고 우유에 미리 불려 둔 파인애플, 망고, 코코넛롱을 넣고
건조 망고 70g	반죽이 뭉쳐지는 정도가 될 때까지 스크레이퍼로 가볍게 섞는다.
코코넛롱 50g	4 반죽을 8개로 나눠 가볍게 뭉친 다음 테프론 시트를 깐 철판 위에 올리고
	180℃ 오븐에서 17분 동안 굽는다.

A-3

A-4

B-3

Ⓑ

망고 패션프루츠 잼 완성 약 460g(한 번에 만들기 쉬운 분량)

READY

냉동 파인애플 200g
냉동 망고 150g
패션프루츠 퓌레 70g
(씨 있는 것, 카프리)
물엿 23g
설탕A 150g
설탕B 15g
NH 펙틴(소사) 2g
레몬즙 8g

냉동 파인애플, 냉동 망고, 패션프루츠 퓌레, 물엿, 설탕A를 계량하여
한데 섞은 다음 냉장고에서 하루 정도 해동시킨다.
설탕B와 NH 펙틴은 함께 계량하여 잘 섞어 둔다.

1 냄비에 미리 계량해 둔 냉동 과일과 퓌레, 설탕A, 물엿을 담고
   불에 올려 미지근하게 데운다.
2 ①이 45℃ 정도 되면 설탕B와 NH 펙틴을 넣고
   당도 기준 55브릭스(Brix)가 될 때까지 가열한다.
3 레몬즙을 넣고 마무리한다.
4 A(망고 코코넛 비스킷)가 한 김 식으면 함께 서빙한다.

MANGO GINGER TEA CAKE

망고 진저 티케이크

지름 7㎝ 미니 구겔호프 틀 6개 분량

[만드는 순서 & 구성]

A ────────────── 식히기 ────────────── **B** ────────────── 완성

진저 티케이크
굽기(170℃ 오븐에서 18분)

슈거글라세

향긋하면서 약간 매운 맛의 생강은 달콤한 망고의 매력을 더욱 배가시킵니다. 이번에 만들어 볼 티케이크는 촉촉하고 부드럽게 완성되는 은은한 생강 향의 케이크입니다. 그대로도 맛있지만 망고와 함께 플레이팅해서 향긋하고 달콤한 향과 맛을 함께 느껴보시길 바랍니다.

A-1 A-2

A-4 A-5

B-1 B-TIP

진저 티케이크 지름 7cm 미니 구겔호프 틀 6개 분량

READY
___

버터 60g

슈거파우더 60g

달걀 76g

박력분 55g

강력분 15g

베이킹파우더 1.3g

생강가루 0.9g

건조 망고 40g

패션프루츠 리큐르 10g
(디종 패션후르츠)

생강 다이스 30g

버터는 포마드 상태로 준비한다.

모든 재료는 실온 상태로 준비한다.

가루류(박력분, 강력분, 베이킹파우더, 생강가루)는 함께 체 친다.

건조 망고는 패션프루츠 리큐르와 함께 계량하여 3시간 이상 불린다.

생강 다이스는 작게 자른다.

오븐은 170℃로 예열한다.

1 포마드 상태의 버터에 슈거파우더를 3번에 나누어 넣으면서 핸드믹서로 휘핑한다.

2 달걀을 5번에 나누어 넣으면서 핸드믹서로 잘 섞는다.

3 체 친 가루류를 넣고 주걱으로 자르듯이 섞는다.

4 날가루가 보이지 않게 섞이면 리큐르에 불려 둔 건조 망고, 생강 다이스를 넣고
반죽을 완성한다.

5 짤주머니에 담고 미니 구겔호프 틀에 반죽을 55g씩 평평하게 담는다.

6 170℃ 오븐에서 18분 동안 굽는다.

슈거글라세 지름 7cm 미니 구겔호프 틀 6개 분량

READY
___

슈거피우디 40g

패션프루츠 리큐르 9g
(디종 패션후르츠)

물 3g

슈기피우디는 체 친디.

1 재료를 잘 섞어 슈거글라세를 완성한다.

[TIP]

슈거글라세는 같은 레시피라도 슈거파우더의 상태에 따라 점도가 조금씩
다를 수 있습니다. 완성된 슈거글라세를 주걱으로 떠서 적당한 점도를 확인하고
되직하다면 물을 조금 더 넣고 묽다면 슈거파우더를 더해 점도를 조절합니다.

ⓒ

완성 지름 7㎝ 미니 구겔호프 틀 6개 분량

R E A D Y

망고 조각 **적당량**
생강 다이스 **적당량**
패션프루츠 씨 **적당량**

오븐은 160℃로 예열한다.

1 A(진저 티케이크)가 완전히 식으면 붓을 이용해 표면에 B(슈거글라세)를 얇게 바른다.
2 160℃ 오븐에 1분 정도 넣어 B(슈거글라세)가 마르면서 광택이 생기면
망고 조각, 생강 다이스, 패션프루츠 씨를 올려 모양을 낸다.

MANGO
&BASIL
VERRINE

망고&바질 베린

지름 5㎝, 높이 11.5㎝ 보틀 6개 분량

[만드는 순서 & 구성]

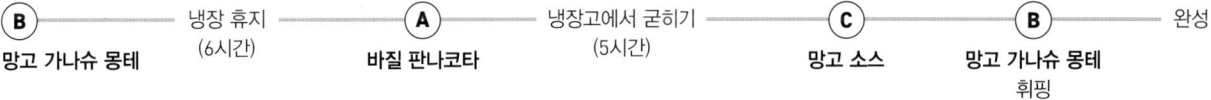

Ⓑ ───── 냉장 휴지 ───── Ⓐ ───── 냉장고에서 굳히기 ───── Ⓒ ───── Ⓑ ───── 완성
망고 가나슈 몽테　　(6시간)　　바질 판나코타　　(5시간)　　　　망고 소스　　망고 가나슈 몽테
　　　　　　　　　　　　　　　　　　　　　　　　　　　　　　　　　　　휘핑

이번에 소개하는 컵디저트는 망고를 맛있게 즐길 수 있는 것에 포인트를 두었습니다. 달콤한 망고와 망고 크림으로 향긋하게 시작한 디저트는 진한 망고 소스로 망고의 매력을 충분히 느낄 즈음 바질 판나코타를 만나게 됩니다. 바질의 은은한 향과 망고의 달콤한 향이 입 안에서 만나 오랜 여운으로 남습니다.

A-2

A-4

Ⓐ

바질 판나코타 지름 5㎝, 높이 11.5㎝ 보틀 6개 분량

READY

우유 **280g**
냉동 바질 **8.4g**
생크림 **196g**
설탕 **45g**
젤라틴매스 **36.6g**

젤라틴매스(젤라틴 6.1g + 물 30.5g)를 준비한다(p.16 젤라틴매스 참조).

1 냄비에 우유, 바질을 넣고 불에 올려 끓기 전까지 가열한 다음 5분간 바질 향을 우려낸다.
2 바질을 체에 거르고 우유의 중량을 잰 다음 다시 280g이 되도록 우유를 추가한다.
3 ②에 생크림, 설탕, 젤라틴매스를 넣고 불에 올려 젤라틴과 설탕이
  잘 녹을 수 있도록 거품기로 가볍게 섞어 주면서 60℃까지 가열한다.
4 보틀에 채우고 냉장고에서 5시간 이상 굳힌다.

[TIP]

바질은 냉동 바질이나 생바질, 어느 것을 사용해도 좋습니다.

B-4 C-1

D-1 D-2

Ⓑ

망고 가나슈 몽테 완성 약 168g(보틀 6개 분량)

화이트초콜릿(발로나 오팔리스) **33g**
망고 퓌레(브와롱) **20g**
패션프루츠 퓌레(브와롱) **7g**
트리몰린 **10g**
젤라틴매스 **7.8g**
생크림 **100g**
오렌지 리큐르(쿠앵트로) **4g**

READY

젤라틴매스(젤라틴 1.3g + 물 6.5g)를 준비한다(p.16 젤라틴매스 참조).
화이트초콜릿은 녹인다.

1 냄비에 망고 퓌레, 패션 퓌레를 넣고 가열한 다음 트리몰린, 젤라틴매스를 넣어 녹인다.
2 녹인 화이트초콜릿에 ①을 넣고 핸드블렌더로 유화시킨다.
3 ②에 생크림, 오렌지 리큐르를 넣고 핸드블렌더로 완벽하게 유화시킨다.
4 6시간 이상 냉장고에 휴지시키고 휘핑한 다음 별 모양깍지를 넣은 짤주머니에 담는다.

[TIP]

쿠앵트로(Cointreau)는 오렌지 껍질로 만든 무색의 리큐르입니다. 일명 오렌지술이라고도 하며
단맛이 강하고 부드러운 맛과 향으로 디저트에 많이 사용합니다. 쿠앵트로와 함께 오렌지술의
양대산맥을 이루는 그랑 마르니에(Grand marnier)는 코냑을 베이스로 숙성시키는 반면
쿠앵트로는 오렌지 껍질을 베이스로 증류를 시켜 만드는 제조 방법에서 차이가 난다고 합니다.

Ⓒ

망고 소스 완성 약 210g(6개 분량)

미루아르 **33g**
패션프루츠 퓌레(브와롱) **22g**
레몬즙 **6g**, 물엿 **6g**, 망고 **77g**
냉동 라즈베리 **33g**
냉동 레드커런트 **9g**

READY

망고는 껍질을 제거하고 직당힌 크기로 자른다.

1 순서대로 모든 재료를 잘 섞는다.

Ⓓ

완성

망고, 바질 **적당량**

1 냉장고에서 굳힌 A(바질 판나코타)에 C(망고 소스) 30g을 담는다.
2 B(망고 가나슈 몽테)를 짜고 망고, 바질로 장식하여 마무리한다.

샤 인 머 스 캣 위 크

몇 년 전까지만 해도 샤인머스캣은 구하기도 어렵고 상당히 비싼 과일이었습니다. 다행히 요즘은 국내에서 안정적으로 생산되어 계절에 관계없이 거의 연중 구입할 수 있게 되었지요. 풍부한 향을 가진 샤인머스캣은 과하지 않으면서도 존재감 있는 맛과 향으로 디저트에 활용하기 좋은데요, 해피해피케이크에서는 여름철에 샤인머스캣과 딜을 활용한 타르트를 생산하고 있습니다. 향긋하면서도 깔끔한 맛으로 많은 고객들이 찾는 인기 제품 중 하나랍니다.

샤인머스캣이 맛있는 계절

망고맛이 난다고 해서 망고포도로도 불리는 샤인머스캣. 껍질이 얇고 씨가 없으며 아삭거리는 식감과 풍부한 향, 높은 당도로 사람들의 마음을 완전히 사로잡으며 국내 포도업계를 평정했죠. 덕분에 재배 면적이 급속하게 증가해 예전에 비해 가격도 많이 내렸고 거의 일 년 내내 생산되고 있답니다. 정식 수확시기는 8월 하순에서 10월 중순으로 이때가 제일 맛있고 가격도 저렴합니다.

샤인머스캣 선택하기

껍질이 얇고 광택이 나며 투명한 톤의 연두빛으로 색이 일정한 것, 향이 진한 것, 하얗거나 검지 않은 싱싱한 줄기를 가진 것, 알의 크기가 크고 일정한 것이 좋습니다. 조금 덜 익으면 껍질이 두껍고 너무 익으면 겉이 물렁하고 멍이 보이기도 하므로 꼼꼼히 잘 살펴보고 선택하도록 합니다.

샤인머스캣 응용하기

[**생과일**] 특유의 풍미가 좋고 씨가 없는 머스캣은 씻어서 생과일 그대로, 또는 원하는 크기로 조각내어 사용합니다. 식감이 있는 편으로 부드러운 느낌보다는 과육의 씹는 맛을 즐길 수 있는 제품에 적합합니다.

[**리큐르**] 모스카토 품종의 포도로 생산되는 포도주인 모스카토 와인으로 향을 더합니다.

샤인머스캣 보관하기

일반 포도보다 저장성이 높은데, 내한성이 강해 한 송이씩 신문지로 싸서 냉장고에 넣어 두면 최대 2~3개월까지 보관이 가능하다고 합니다. 실온에서 2~3일 후숙시켜 살짝 노란빛이 돌면 당도가 높아져 디저트에 쓰기 좋습니다. 그때부터는 냉장고에 두고 일주일 이내로 사용하는 것이 좋습니다.

샤인머스캣과 잘 어울리는 재료

요거트, 프로마주블랑, 크림,
딜, 민트 등의 허브류

MUSCAT COOKIE CHOUX

머스캣 쿠키슈

지름 7㎝ 쿠키슈 약 6개 분량

[만드는 순서 & 구성]

B	냉장 휴지	**C**	**A** **C**	완성
요거트 가나슈 몽테	(6시간)	스트로이젤	파트 아 슈 + 스트로이젤 굽기(190℃ 오븐에서 10분, 170℃ 20분)	

머스캣은 사과와 같은 상큼한 맛과 향이 있어 요거트와 잘 어울립니다. 요거트를 베이스로 한 가나슈 몽테를 쿠키슈에 채우고 생과일 그대로의 머스캣을 넣었습니다. 요거트 가나슈 몽테는 다른 제품에도 다양하게 활용할 수 있습니다.

파트 아 슈 지름 7㎝ 슈 약 12개 분량(한 번에 만들기 쉬운 분량)

READY

물 35g
우유 35g
버터 35g
소금 1g
박력분 60g
달걀 약 81g

물, 우유 버터, 소금은 냄비에 함께 계량한다 · 박력분은 체 친다.
모든 재료는 실온 상태로 준비한다 · 달걀은 잘 풀어 둔다.
쿠키슈용 C(스트로이젤)를 준비한다 · 오븐은 200℃로 예열한다.

1 냄비에 물, 우유, 버터, 소금을 넣고 불에 올려 가운데 부분이
   충분히 끓어오를 때까지 가열한다.
2 불을 끄고 체 친 박력분을 한꺼번에 넣고 반죽 표면이 매끄럽게 될 때까지
   나무주걱으로 치대듯이 섞는다.
3 다시 불에 올려 가열하면서 냄비 바닥에 하얀 막이 생길 때까지 반죽을 충분히 치댄다.
4 ③을 볼에 옮겨서 60℃ 정도로 식을 때까지 저어준다.
5 달걀을 조금씩 넣으면서 주걱으로 섞는다.
6 반죽을 들어올려 긴 삼각형 형태로 매끄럽게 떨어질 때까지 달걀을 더해가며 섞는다.
7 완성된 반죽은 짤주머니에 담아 지름 4㎝ 크기의 원형으로 짜고
   표면에 물을 분사한다.
8 준비해 둔 C(스트로이젤)를 얹어 190℃ 오븐에서 10분, 170℃로 온도를 낮춰 20분 동안 굽는다.

[TIP]

1
공정 ③에서 반죽을 다시 불에 올려 저어주는 것은 전분의 호화를 위한 과정입니다. 호화가 잘 된 반죽은
끈기가 생겨 오븐에서 반죽이 부풀 때 표면이 터지지 않고 슈 안의 커다란 공간을 만들어 줍니다.

2
공정 ④에서 반죽이 뜨거운 상태에서 바로 달걀을 넣게 되면 부분적으로 익을 수 있기 때문에
60℃ 전도로 시히는 과정이 필요합니다.

3
공정 ⑤에서 실온 상태의 달걀을 사용합니다. 차가운 달걀은 반죽 온도를 떨어뜨려 되지하게 되므로
정확한 최종 반죽의 농도를 확인하기 어렵습니다.

4
공정 ⑥에서 전분의 호화와 수분의 증발 상태에 따라 마지막에 넣는 달걀의 양은 가감할 수 있습니다.
반죽의 상태를 확인하면서 달걀의 양을 조절하여 상태를 맞춥니다. 레시피의 분량은 평균 정도로
표기해 두었습니다.

B-4 C-2 C-3

Ⓑ	Ⓒ

요거트 가나슈 몽테 완성 약 180g(쿠키슈 약 6개 분량)

READY

젤라틴(젤라틴 0.8g + 물 4g)를 준비한다(p.16 젤라틴매스 참조).
화이트초콜릿은 녹인다.

화이트초콜릿(발로나 오팔리스) 36g, 생크림A 41g
젤라틴매스 4.8g, 프로마주블랑(이즈니) 27g, 생크림B 84g
요거트파우더(소사) 5g

1 냄비에 생크림A를 넣고 가열한 다음 젤라틴매스를 넣어 녹인다.
2 녹인 화이트초콜릿에 ①을 넣고 잘 유화시킨다.
3 ②에 프로마주블랑, 생크림B를 넣고 핸드블렌더로
  완벽하게 유화시킨다.
4 6시간 이상 냉장고에 휴지한 다음 휘핑한다.
5 지름 1㎝ 원형 모양깍지를 넣은 짤주머니에 담는다.

스트로이젤 쿠키슈용 쿠키 반죽(한 번에 만들기 쉬운 분량)

READY

모든 재료는 냉장 보관하여 차가운 상태로 준비한다.

버터 120g, 설탕 100g, 박력분 100g

1 푸드프로세서에 모든 재료를 넣고 한덩어리가 되도록
  반죽한다.
2 2장의 테프론 시트 사이에 반죽을 넣고 2㎜ 두께로 밀어
  편 다음 냉동고에서 굳힌다.
3 지름 4㎝ 원형 쿠키 커터로 자르고 냉동고에 보관한다.

 D

완성

READY

마지팬에 색소를 적당량 섞어 2㎜ 두께로 민 다음 원형 커터로 잘라서 준비한다.

마지팬(아몬드 힘량 22%) **직딩량**
식용 색소(녹색) **약간**
샤인머스캣 **적당량**
미루아르 **적당량**

1 A(파트 아 슈) 바닥에 원형 모양깍지를 이용해 크림을 채울 구멍을 뚫는나.
  이때 샤인머스캣을 넣을 수 있을 정도록 크게 뚫는다.
2 B(요거트 가나슈 몽테)를 80% 정도 채운다.
3 샤인머스캣 1개를 가운데 부분까지 밀어 넣는다.
4 A(파트 아 슈) 윗면에 마지팬 반죽을 올리고 미루아르를 발라 마무리한다.

MUSCAT&
ROSEMARY

머스캣&로즈마리

지름 7.5㎝ 프티 가토 6개 분량

[만드는 순서 & 구성]

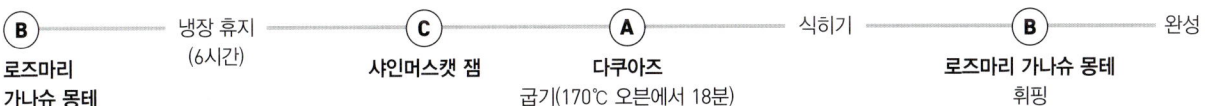

B 로즈마리 가나슈 몽테 — 냉장 휴지 (6시간) — **C** 샤인머스캣 잼 — **A** 다쿠아즈 굽기(170℃ 오븐에서 18분) — 식히기 — **B** 로즈마리 가나슈 몽테 휘핑 — 완성

고소하면서도 가벼운 식감의 다쿠아즈에 은은한 로즈마리 가나슈를 올렸습니다. 다쿠아즈 케이크는 과일과 잘 어울려서 함께 사용하기 좋은데요, 이 책에서도 시나몬&복숭아 레시피에 같은 구조의 케이크를 활용하고 있습니다. 시즌마다 과일을 교체하는 메뉴를 구성하기 위해서는 구조는 같되 그 구성을 변형하여 사용할 수 있는 레시피가 있으면 효율적으로 활용할 수 있어요. 이 레시피의 경우에도 과일을 주제로 정하고 잘 어울리는 크림과 잼으로 마무리하고 있습니다. 샤인머스캣과 로즈마리의 구성이 얼마나 잘 어울리는지 꼭 만들어 보세요.

A-1

A-3

A-4

A-5

다쿠아즈 지름 7.5㎝ 원형 다쿠아즈 약 6개 분량

READY

흰자 **60g**
설탕 **25g**
아몬드파우더 **46g**
굵은 아몬드파우더 **13g**
슈거파우더 **56g**
아몬드분태 **5g**
슈거파우더 **적당량**

오븐은 170℃로 예열한다.
가루류(아몬드파우더 2종, 슈거파우더)는 함께 체 친다.
철판에 지름 7.5㎝ 타르트 링 6개를 올려 준비한다.

1 흰자에 설탕을 3번에 나누어 넣으면서 휘핑하여 단단한 머랭을 만든다(p.12 기본 머랭 참조).
2 ①에 체 친 가루류를 넣고 주걱으로 섞어 반죽을 완성한다.
3 1㎝ 원형 모양깍지를 넣은 짤주머니에 반죽을 담고 타르트 링 테두리에서
  가운데로 모으듯이 6개의 물방울 모양을 짠다.
4 아몬드분태를 뿌리고 그 위에 슈거파우더를 2번 뿌린 다음 170℃ 오븐에서 18분 동안 굽는다.
5 식으면 작은 칼을 이용해 테두리를 따라 칼집을 넣어 틀을 제거한다.

[TIP]

굵은 아몬드파우더는 아몬드분태를 굵게 갈아서 사용합니다.
이렇게 하면 다쿠아즈에 씹는 식감을 더할 수 있어요.

 B-1-1

 B-1-2

B-2

B-4

B-6

(B)

로즈마리 가나슈 몽테 완성 약 180g(프티 가토 6개 분량)

READY

화이트초콜릿 65g
(발로나 오팔리스)
생크림A 34g
로즈마리 0.9g
트리몰린 12g
젤라틴매스 7.8g
생크림B 116g

젤라틴매스(젤라틴 1.3g + 물 6.5g)를 준비한다(p.16 젤라틴매스 참조).
화이트초콜릿은 녹인다.
로즈마리는 잘게 다져 둔다.

1 냄비에 생크림A, 로즈마리를 넣고 불에 올려 데운 다음 랩을 씌워 5분 동안 향을 우려낸다.
2 로즈마리를 체에 거르고 생크림A의 중량을 잰 다음 다시 34g이 되도록 생크림을 추가한다.
3 ②에 트리몰린, 젤라틴매스를 넣고 젤라틴매스가 녹을 때까지 다시 가열한다.
4 녹인 화이트초콜릿에 ③을 넣고 핸드블렌더로 잘 유화시킨다.
5 생크림B를 넣고 핸드블렌더로 완벽하게 유화시킨다.
6 6시간 이상 냉장고에 휴지한 다음 휘핑하고 지름 1㎝ 별 모양깍지(no. 506)를 넣은 짤주머니에 담는다.

C-4   D-1

D-3   D-4

Ⓒ

샤인머스캣 잼 완성 약 140g(전량 사용)

R E A D Y
_____

샤인머스캣 150g

설탕A 30g

트레할로스 8g

설탕B 10g

NH 펙틴(소사) 1.5g

레몬즙 5g

모스카토 와인 10g

샤인머스캣은 깨끗이 씻어 껍질째 작은 조각으로 자른다.

설탕B와 NH 펙틴은 함께 계량해 잘 섞는다.

1 냄비에 샤인머스캣 설탕A, 트레할로스를 넣고 불에 올려 45℃까지 가열한다.

2 ①에 설탕B와 NH 펙틴을 넣고 잘 섞는다.

3 점도가 생길 때까지 저어 주면서 끓인다.

4 불에서 내려 레몬즙, 모스카토 와인을 넣고 식힌다.

[TIP]

1
트레할로스는 전분을 원료로 제조하는 비환원성 천연 이당류로 설탕대비 감미도는 40% 정도입니다.
수분 저장 능력이 뛰어나 떡, 케이크, 빵에도 많이 사용합니다. 이 레시피에서는 샤인머스캣 잼의 당도를
낮추기 위해 설탕 일부를 트레할로스로 대체했습니다.

2
펙틴은 식물의 세포막을 구성하는 성분으로 과일 껍질이나 과육에 많이 포함되어 있습니다.
NH 펙틴은 산도 pH 3.5~3.7, 설탕 40% 이상의 조건에서 응고되며 과일 재료에 가장 적합한 펙틴으로
과일 베이스의 나파주나 필링, 저당용 잼에 사용할 수 있습니다.

3
모스카토(Moscato) 와인은 향이 강한 화이트 품종으로 생산된 와인으로 달고 순하며 향이 매우 강한
특징이 있습니다. 샤인머스캣과 함께 사용하면 향과 맛을 배가시킬 수 있어요.

Ⓓ

완성

C(샤인머스캣 잼) 140g

샤인머스캣 조각 41g

모스카토 와인 18g

샤인머스캣, 로즈마리 약간

1 C(샤인머스캣 잼)와 샤인머스캣 조각을 섞는다.

2 A(다쿠아즈)의 가운데 부분에 모스카토 와인을 3g씩 스며들도록 바른다.

3 B(로즈마리 가나슈 몽테)를 ① 위에 짠다. 이때 C(샤인머스캣 잼)를
  채울 수 있는 가운데 공간을 충분히 둔다.

4 B(로즈마리 가나슈 몽테)의 가운데에 ①의 C(샤인머스캣 잼)와
  샤인머스캣 조각을 30g씩 채운다.

5 샤인머스캣 조각과 로즈마리를 장식하여 마무리한다.

MUSCAT
ROLL CAKE

머스캣 롤케이크

길이 30㎝ 롤케이크 1개 분량(약 7조각)

[만드는 순서 & 구성]

(A) ———————— 식히기 ———————— **(B)** ———————— 롤케이크 성형 ———————— 냉장고에서 굳히기 ———————— 완성

롤케이크 비스퀴
굽기(180℃ 오븐에서 8분)

요거트 크렘 샹티이

롤케이크는 누구나 좋아하는 대중적인 케이크 중 하나이지요. 편하고 맛있게 즐길 수 있기를 바라는 마음으로 호불호가 없는 요거트 샹티이 크림과 샤인머스캣으로 롤케이크를 만들었습니다. 과정을 차근차근 따라 하다 보면 쉽고 맛있는 케이크가 완성되어 있을 거예요.

A-1   A-2

A-4   A-5

롤케이크 비스퀴 39×29㎝ 크기의 1/2 빵팬 1장 분량

READY

노른자 **90g**

설탕A **42g**

흰자 **126g**

설탕B **63g**

박력분 **90g**

1/2 빵팬에 유산지를 깔아 둔다.

오븐은 180℃로 예열한다.

박력분은 체 친다.

지름 1㎝ 원형 모양깍지와 짤주머니를 준비한다.

1 노른자와 설탕A를 40℃ 정도까지 중탕으로 데운 다음 뽀얗게 될 때까지 핸드믹서로 휘핑한다.

2 흰자에 설탕B를 3번에 나누어 넣으면서 중속으로 휘핑해 부드러운 머랭을 완성한다(p.12 기본 머랭 참조).

3 ①에 ②를 넣고 섞는다.

4 ③에 박력분을 넣고 주걱으로 자르듯이 섞어 비스퀴 반죽을 완성한다.

5 지름 1㎝ 원형 모양깍지를 넣은 짤주머니에 담아 철판에 사선으로 균일하게 짜고 180℃ 오븐에서 8분 동안 구운 다음 식힌다.

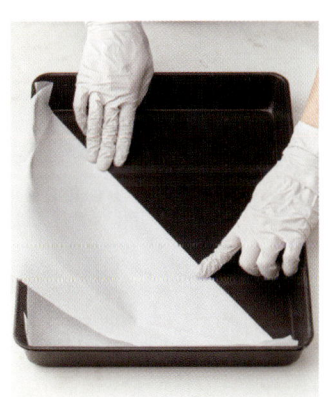

[TIP]

반죽을 사선으로 짤 때 기준점이 없으면 예쁘게 짜기 어렵기 때문에 유산지를 사선으로 한 번 접어 선을 표시하고 그 접은 선을 따라서 짜면 균일하게 짤 수 있습니다. 먼저 가운데부터 가장자리까지 짜고 팬을 돌려 반대편을 마무리합니다.

B-1   B-TIP   C-2

Ⓑ

요거트 크렘 샹티이

롤케이크 1개 분량

READY

생크림 휘핑을 위해 얼음물이 담긴 볼을 준비한다.

생크림 210g

연유 7g

설탕 20g

플레인요거트 25g

요구르트 페이스트 7g

1 모든 재료를 함께 계량하여 단단하게 휘핑한다(p.10 생크림 참조).

[TIP]

생크림을 휘핑할 때에는 크림이 차가운 상태를 유지하는 것이 좋습니다.
항상 얼음물이 담긴 볼을 생크림볼 밑에 받쳐 휘핑하도록 합니다.

 C

완성

샤인머스캣　20알

1　유산지 위에 A(롤케이크 비스퀴) 안쪽이 위로 오도록 놓는다.

2　B(요거트 크렘 샹티이)를 바른다. 이때 롤을 마는 방향으로 처음과 끝부분에는 크림을 얇게, 가운데 부분에는 크림을 비교적 두툼하게 바른다.

3　시작부터 약 5㎝ 지점에 홀샤인머스캣, 8㎝ 떨어진 지점에 반으로 자른 샤인머스캣을 올린다. 반으로 자른 샤인머스캣을 2줄 더 올린다.

4　유산지 끝부분을 들어올려 한 방향으로 롤을 만다.

5　비스퀴의 끝부분을 아래로 하여 모양을 잡는다. 이때 자를 이용해 롤 부분의 유산지를 안쪽으로 넣으면서 아래 유산지를 당기면 모양이 잘 잡힌다.

6　유산지를 제거하지 않은 채 냉장고에서 30분 이상 굳힌다.

7　가장자리를 잘라내고 적당한 크기로 잘라서 완성한다.

MUSCAT FROMAGE SANDWICH

머스캣 프로마주 샌드

가로 8㎝ × 높이 8㎝ 삼각형 형태의 샌드 4개 분량

[만드는 순서 & 구성]

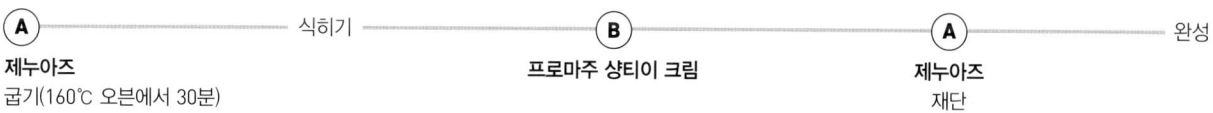

A	식히기	B	A	완성
제누아즈 굽기(160℃ 오븐에서 30분)		프로마주 샹티이 크림	제누아즈 재단	

과일과 제누아즈, 샹티이 크림의 조합을 제대로 즐기려면 군더더기 없이 깔끔하게 만드는 것이 가장 좋은 방법이지요. 샹티이 크림에 프로마주블랑의 가벼운 산미만을 더해 산뜻하게 완성한 제품입니다.

A-1-1   A-1-2

A-2   A-3

A-6   B-1

제누아즈 18×18㎝, 높이 5㎝ 사각 제누아즈 1개 분량

READY

달걀 **180g**
설탕 **130g**
박력분 **125g**
버터 **20g**
우유 **35g**

팬 안쪽에 종이 포일을 재단하여 깔아 둔다.
오븐은 160℃로 예열한다.
우유와 버터는 함께 계량하여 녹인다.
박력분은 체 친다.

1 달걀, 설탕을 40℃ 정도까지 중탕으로 데운 다음 뽀얗게 될 때까지 핸드믹서로 휘핑한다.
    이때 마지막은 저속으로 마무리하여 조밀한 기공을 만든다. 완성된 반죽을 들어올려
    떨어뜨려 보았을 때 리본처럼 매끄럽게 쌓이는 느낌이 되도록 한다.
2 ①에 박력분을 넣고 주걱으로 잘 섞는다. 가루를 섞을 때는 반죽을 위에서 아래로
    떠 올리듯이 조심스럽게 섞어야 거품이 꺼지지 않는다.
3 박력분이 잘 섞이면 녹인 버터와 우유를 넣고 섞는다.
4 완성된 반죽을 틀에 팬닝하고 160℃ 오븐에서 22분 동안 굽는다.
5 오븐에서 나온 제누아즈는 틀을 제거하고 뒤집어 한 김 식힌 다음 다시 뒤집어 식힌다.
6 1㎝ 두께의 10×20㎝ 크기로 2장을 재단한다. 이때 구워진 제누아즈가
    재단 크기보다 더 작기 때문에 이어 붙일 수 있도록 준비한다.

프로마주 샹티이 크림

샌드 4개 분량

READY

생크림 **140g**
프로마주블랑(이즈니) **52g**
설탕 **25g**

생크림 휘핑을 위해 얼음물이 담긴 볼을 준비한다.

1 모든 재료를 함께 계량하여 단단하게 휘핑한다(p.10 생크림 참조).

C-1   C-2

C-4   C-5-1

C-5-2

완성

샤인머스캣 **14알**

1 재단한 A(제누아즈)에 B(프로마주 샹티이 크림)를 얇게 바른다.

2 ① 위에 크기에 맞게 자른 샤인머스캣을 올린다.

3 ②의 샤인머스캣을 덮듯이 B(프로마주 샹티이 크림)을 바르고 평평하게 정리한다.

4 나머지 A(제누아즈)를 올리고 냉장고에서 30분 이상 굳힌다

5 가장자리를 잘라내고 삼각형 모양으로 4개를 자른다.

[TIP]

샌드는 잘랐을 때 단면에 속재료가 잘 보이는 것이 좀 더 먹음직스럽기 때문에 자르는 면이
어떻게 보일지 생각하면서 과일을 배열하는 것이 중요합니다.

MUSCAT DILL TART

머스캣&딜 타르트

지름 7.5㎝ 타르트 6개 분량

[만드는 순서 & 구성]

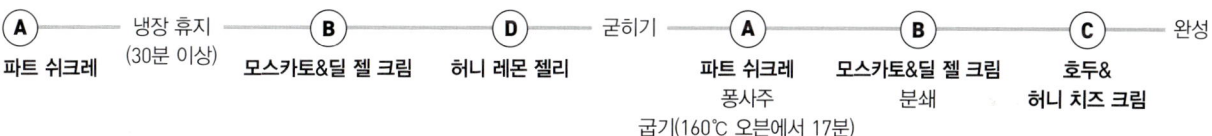

(A) 파트 쉬크레 ── 냉장 휴지 (30분 이상) ── (B) 모스카토&딜 젤 크림 ── (D) 허니 레몬 젤리 ── 굳히기 ── (A) 파트 쉬크레 퐁사주 굽기(160℃ 오븐에서 17분) ── (B) 모스카토&딜 젤 크림 분쇄 ── (C) 호두& 허니 치즈 크림 ── 완성

샤인머스캣은 여름부터 겨울까지 계속 나오는 과일 중 하나이지만 특유의 상큼하고 시원한 맛은 여름에 가장 잘 느껴지는 것 같아요. 이번 타르트는 완벽한 여름 메뉴가 되도록 식감은 경쾌, 맛은 풍성, 그리고 마무리는 깔끔하게 만들었습니다. 시원한 향의 딜과 모스카토 와인, 크림치즈, 견과류를 더해 풍성해진 머스캣 타르트를 아이스티와 함께 즐겨 보세요.

파트 쉬크레 완성 약 350g(한 번에 만들기 쉬운 분량)

READY

버터 **80g**
슈거파우더 **64g**
소금 **1.4g**
달걀 **30g**
박력분 **176g**

버터는 포마드 상태로 준비한다.
타르트 링 안쪽 면에 버터를 칠한다.
오븐은 160℃로 예열한다.
박력분은 체 친다.

1 포마드 상태의 버터에 슈거파우더, 소금을 넣고 섞는다.

2 ①에 달걀을 넣고 섞는다.

3 ②에 체 친 박력분을 넣고 자르듯이 섞는다.

4 한덩어리로 뭉쳐 랩으로 싸고 냉장고에서 30분 이상 휴지시킨다.

5 휴지시킨 반죽을 잠시 냉동고로 옮겨 차갑게 식힌 다음 꺼내서 2mm 두께로 밀어 편다.

6 지름 7cm 원형의 타르트 바닥, 2×23.5cm 긴 띠 형태의 타르트 옆면으로 각각 재단한다.

7 타르트 링에 재단한 옆면 반죽을 두르고 옆면 반죽과 바닥 반죽이 부착될 부분에
   물을 살짝 바른 다음 바닥 반죽을 링에 퐁사주한다.

8 냉동고에서 10분 이상 휴지한 다음 160℃ 오븐에서 10분, 링을 제거하고
   160℃에서 7분 더 굽는다. 구워진 셸은 랩핑해서 냉동 보관할 수 있다.

9 바로 사용한다면 오븐에서 꺼내 반죽이 뜨거운 상태에서 셸 안쪽에 흰자(분량 외)를 얇게
   바른다. 냉동 상태라면 사용할 때 셸 안쪽에 흰자를 얇게 바른 다음 140℃ 오븐에서 5분 정도
   구워 건조시킨다. 흰자를 바르면 막이 형성되어 바삭함을 오래 유지할 수 있다.

[TIP]

퐁사주(fonçage)는 용기 옆면과 바닥에 반죽을 팬닝하는 작업을 말합니다.

B-2

B-3

(B)

모스카토&딜 젤 크림 완성 약 220g(타르트 약 12개 분량)

READY

| 모스카토 와인 120g |
| 물 60g |
| 레몬즙 24g |
| 설탕 38g |
| 아가아가(소사) 6g |
| 딜 0.7g |

설탕과 아가아가는 함께 계량한다.

딜은 다진다.

1 냄비에 모스카토 와인, 물, 레몬즙을 넣고 불에 올려 45℃ 정도로 데운 다음
　설탕과 아가아가를 넣고 거품기로 저으면서 끓어오를 때까지 가열한다.
2 불에서 내려 냉장고에 차갑게 식힌다.
3 ②가 단단히 굳으면 다진 딜을 넣고 핸드블렌더로 곱게 갈아서 크림을 완성한다.

1

이 크림은 핸드블렌더로 잘 갈아 고운 텍스처로 완성하는 것이 포인트. 너무 소량이면 작업이 어렵기 때문에 최소 이 레시피의 분량만큼 만들어야 합니다. 완성된 크림은 냉장고에서 일주일 정도 보관할 수 있으므로 한 번에 만들어 두었다 필요할 때 사용합니다.

2

아가아가(agar-agar)는 한천을 주원료로 만든 분말 겔화제로 약간 부서지기 쉽고 끈기가 없는 것이 특징입니다. 뜨겁게 가열한 재료에 직접 첨가하면 덩어리지기 쉬우므로 입자가 큰 설탕 등과 미리 섞어 분산력을 높여야 합니다. 젤라틴보다 열에 강해 디저트에 넣었을 때 실내 기온이 높아져도 잘 녹지 않는 장점이 있지만, 산미가 강한 액체에 넣으면 응고력이 떨어질 수 있어 주의해야 합니다.

3

딜(dill)은 허브의 일종으로 향이 강해 연어 등의 생선요리에 사용하면 비린내를 제거해주고 생선 고유의 맛을 살려줍니다. 화이트 와인이나 모스카토 와인과도 잘 어울려요.

C-2

ⓒ

호두&허니 치즈 크림

완성 약 240g(타르트 6개 분량)

READY

호두분태는 170℃ 오븐에서 8분 정도 구워 둔다.

크림치즈 168g, 꿀 36g, 사워크림 22g
레몬즙 4g, 호두분태 22g

1 크림치즈를 부드럽게 푼다.
2 ①에 꿀, 사워크림, 레몬즙, 구운 호두분태를 넣고 잘 섞어 치즈 크림을 완성한다.

D-2

E-1

E-2

E-3

Ⓓ

허니 레몬 젤리 15×15㎝ 정사각 틀 2개 분량(타르트 8개 분량)

READY

물 **48g**
레몬즙 **32g**
설탕A **18g**
설탕B **6g**
한천 **0.6g**
펄아가(No.9) **3g**

설탕B, 한천, 펄아가는 함께 계량해 잘 섞는다.
15㎝ 정사각 무스 틀에 랩을 씌워 둔다.

1 냄비에 물, 레몬즙, 설탕A를 넣고 불에 올려 45℃ 정도로 데운 다음
설탕B, 한천, 펄아가를 넣고 거품기로 저으면서 끓을 때까지 가열한다.
2 준비한 무스 틀에 담아 냉장고에서 굳힌 다음 4등분 한다.

[TIP]

1
펄아가(pearl agar)는 아가아가와 마찬가지로 뜨겁게 가열한 재료에 직접 첨가하면
덩어리지기 쉬우므로 입자가 큰 설탕 등과 미리 섞어 분산력을 높여야 합니다.
산미가 강한 액체에 넣으면 응고력이 떨어질 수 있습니다.

2
이 레시피의 젤리는 굉장히 얇은 두께로 사용했기 때문에 펄아가만으로는 작업성이
떨어질 수 있습니다. 그래서 한천을 조금 넣어 안정적으로 작업할 수 있도록 했습니다.

Ⓔ

완성

샤인머스캣 **약 50알**
식용 금박 **약간**

1 A(파트 쉬크레)에 B(노스카토&딜 젤 크림) 18g을 평평하게 바른다.
2 ① 위에 C(호두&허니 치즈 크림) 40g을 채워 평평하게 다듬는다.
3 샤인머스캣을 보기 좋게 올리고 4등분한 D(허니 레몬 젤리)를 올린다.
4 식용 금박으로 장식한다.

[TIP]

타르트에 허니 레몬 젤리를 씌울 때 스크레이퍼를 사용하면 젤리를 손상시키지
않고 안정감 있게 올릴 수 있습니다.

MUSCAT JELLY

머스캣 젤리

지름 5.5cm, 높이 6cm 젤리 10개 분량

[만드는 순서 & 구성]

Ⓐ ──────────────────────── 냉장고에서 굳히기 ──────────────────────── 완성
머스캣 젤리　　　　　　　　　　　　　　　　　(6시간)

간단한데 맛있고 근사하기까지 한 디저트를 만들고 싶다면 이 레시피가 어떨까요? 해피해피케이크의 젤리는 섬세하고 뛰어난 텍스처로 인기가 많답니다. 탱글탱글하면서도 호로록 가볍게 먹을 수 있는 해피해피케이크의 젤리 레시피. 만들기 쉽고 간단한 민큼 자주 만들게 될 거예요.

A-READY

A-1

A-2

A-3

B-1

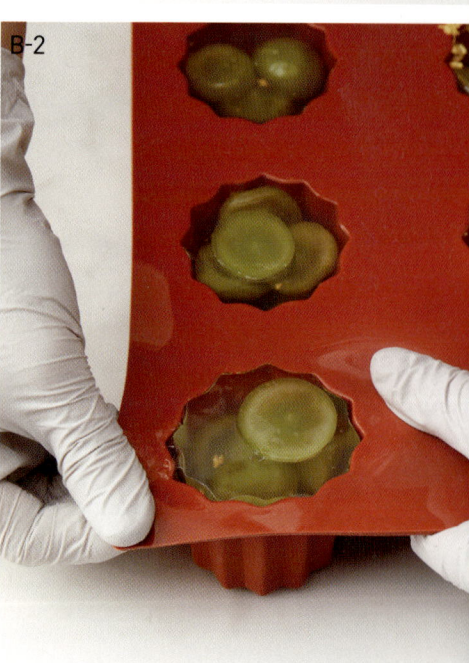

B-2

머스캣 젤리 실리코마트 SF050 몰드 약 10개 분량

R E A D Y

청포도 주스 **430g**
설탕 **86g**
펄아가(No.9) **17g**
한천 **2.2g**
식용 금박 **약간**
샤인머스캣 **350g**

설탕과 펄아가, 한천은 함께 계량하여 잘 섞는다.
샤인머스캣은 먹기 좋은 크기로 자른다.

1 냄비에 청포도 주스를 넣고 불에 올려 45℃ 정도로 데운 다음
   설탕과 펄아가, 한천을 넣고 거품기로 저으면서 끓어오를 때까지 가열한다.
2 식용 금박을 적당량 넣어 섞는다.
3 준비한 무스 틀에 샤인머스캣을 담고 ②를 부어 냉장고에서 6시간 이상 충분히 굳힌다.

완성

1 단단하게 굳은 A(머스캣 젤리)의 틀 뒷면을 따뜻한 물이나
   행주, 히팅건 등으로 따뜻하게 데운다.
2 틀을 뒤집어 젤리를 꺼낸다.

[TIP]

틀에서 꺼내기 전 젤리가 충분히 단단하게 굳어 있어야 부서지지 않습니다.
또한 틀을 따뜻하게 데우면 틀과 젤리가 자연스럽게 떨어지기 때문에
완성된 젤리 표면이 깨끗합니다.

MUSCAT MOJITO

머스캣 모히토

400㎖ 음료컵 약 6잔 분량

[만드는 순서 & 구성]

Ⓐ ———————————————————————————— 완성

모히토 베이스

청량감 가득 담은 샤인머스캣과 애플민트의 시원한 모히토. 만드는 방법도 간단해 베이스만 준비해 두면 너운 여름에 인제든지 긴딘하게 완성할 수 있답니다. 샤인머스캣을 담은 특별한 여름 탄산음료, 꼭 한 번 만들어보세요.

B-1

A-1

(A)

모히토 베이스 음료 6잔 분량(컵당 75g 사용)

READY

샤인머스캣 333g
애플민트 5.4g
설탕 100g

샤인머스캣과 애플민트는 깨끗하게 씻는다.

1 모든 재료를 한꺼번에 곱게 간다.

[TIP]

생과일과 허브는 미리 갈아두면 갈변되므로 하루에 필요한 분량씩
아침에 준비해 냉장고에 보관하고 사용한다.

happy happy **cake**

316

B-2

B-3

B-4

Ⓑ
완 성

모히토 시럽(1883 시럽) **108g**

라임 슬라이스 **적당량**

얼음 **적당량**, 탄산수 **360g**

애플민트, 라임 **약간**

1 400㎖ 음료컵에 A(모히토 베이스) 75g을 담고 모히토 시럽 18g을 넣는다.

2 컵 옆면에 라임 슬라이스를 붙이고 얼음을 가득 담는다.

3 탄산수를 약 60g을 붓는다.

4 애플민트, 라임을 장식하여 마무리한다.

EPILOGUE

에 필 로 그

과일 디저트와 함께 보낸 한 해

여섯 가지 과일과 함께 풍성하고 달콤한 한 해를 보냈습니다. 이 책의 레시피 중에는 이미 해피해피케이크에서 제품으로 활용하는 것도 있지만 어떤 레시피는 우리 디저트숍에서 앞으로 내놓고 싶은 제품을 테스트해보는 과정이기도 했습니다. 좋은 과일은 많지만 아직 우리가 다루지 못한 과일이나 재료도 많기 때문에 '딸기 위크', '체리 위크'에서 선보였던 케이크처럼 앞으로도 자연이 주는 계절 디저트인 과일을 활용하는 디저트를 많이 만들고 싶습니다. 부디 이 책의 레시피가 달콤한 이야기를 만드는 영감이 되었기를 바랍니다.

happyhappy.cake

H A P P Y H A P P Y C A K E *R E C I P E*

HAPPYHAPPY
FRUIT
WEEK

저 자 | 김민정
발행인 | 장상원
편집인 | 이명원

초판 1쇄 | 2021년 7월 1일
    2쇄 | 2022년 1월 10일

발행처 | (주)비앤씨월드 출판등록 1994.1.21 제 16-818호
주 소 | 서울특별시 강남구 선릉로 132길 3-6 서원빌딩 3층
전 화 | (02)547-5233   팩스 | (02)549-5235   홈페이지 | www.bncworld.co.kr
블로그 | http://blog.naver.com/bncbookcafe   인스타그램 | www.instagram.com/bncworld_books
진 행 | 김상애   사진 | 허인영(STUDIO HER)   디자인 | 박갑경
ISBN | 979-11-86519-43-1   13590